JN204524

Sleep Soundly,
Wake Up Feeling Refreshed

仕事のストレスをなくす
睡眠の教科書

ぐっすり眠り、スッキリ起きる方法

和田隆
Wada Takashi

方丈社

【目　次】

2章 「睡眠不足」と「不眠」が招く重大リスク——31

3章　睡眠はすべての問題を解決する——55

4章　睡眠負債を返済する——73

PART2 睡眠をマネジメントする

8章 ストレスをマネジメントする

プロローグ

睡眠をマネジメントする時代

睡眠問題を解決できない2つの理由

私はメンタルヘルスを支援する専門家として、民間企業や官公庁、教育機関などで研修や講演を行っていますが、近年、力を注いできた研修のひとつが睡眠セミナーです。と言うのも、私は多くの企業に訪問してカウンセリングをしてきましたが、「眠れない」「朝が辛い」「会議中や仕事中に眠くなって困る」など、睡眠に関連する相談が際立って多くなっているからです。

相談者の話を聞いていると、皆さん睡眠に関する本を読んだと言います。中には何冊も読んでいる人、それに加えてパソコンでも調べ、スマホの睡眠アプリをインストールし、テレビの健康番組や雑誌で睡眠が特集されれば必ずチェックするという具合に、皆さん私より積極的ではないかと思うほど、睡眠に関する多くの情報を収集していることに驚かされます。にもかかわらず、睡眠に関して悩んでいるのです。

多くの情報を持っているのに、なぜ睡眠問題が解決できないのか。私なりにその理由を考え、ひとつの結論に至りました。それは、本もテレビ番組も雑誌の特集も、誰にでも理解できるように工夫されている。だから睡眠に関する情報量や理解度は相当なものだが、「知っている」「理解している」時点で満足してしまっているからだと思います。

しかし問題は、知っていることでも理解していることでもなく、よく眠れるようになること、睡眠問題を改善することです。つまり、知識と情報を持っていても、それが実行できていない。あるいは、改善行動をスタートさせても、継続できていないという点が問題なのです。

睡眠に悩み、改善したいと考えていても、「実行できない」「継続できない」という2つの問題に直面しているのが現実で、睡眠で悩む人が一向に減らないというわけです。

睡眠改善とは、睡眠をマネジメントすること

では、なぜ睡眠改善が実行できない、また実行したとしても長く続けられないのでしょうか。そこには、本人のストレス状態や感情、行動の問題があるのではないかと、私は考えています。

私が相談者と一対一で睡眠改善のカウンセリングをする時、もちろん睡眠の基本的な知

識も伝えますが、自分のストレスや感情をどのようにコントロールしていけばよいのか、どのようにすれば行動につなげていけるのかということに、より多くの時間を割いています。なぜなら、そこに、睡眠改善のヒントが隠れているからです。

ビジネスの世界で業務上に何か問題が発生した場合、当然その改善に努めます。業務改善はまず現状を把握し、それを可視化することから始めます。可視化したことによって問題点が明確になり、はじめて問題を解決する手がかりを見つけることができます。あとはその対策を実行し、解決するまで継続することが重要です。

要するに、業務改善とは問題解決をマネジメントすることであり、「セルフチェック アンド アクション」がそのポイントというわけです。

睡眠改善も同様で、いくら睡眠の知識があっても、それだけで改善できるものではありません。改善は実行に移さなければなりません。しかし闇雲に一般的に「よい」と言われている方法を実行しても、自分が抱える睡眠の問題にマッチした方法でなければ、まったく効果がないでしょう。やはり、自分の睡眠状態を知り、それを可視化して対策を立てて実行し、かつ継続しなければならないのです。

実行と継続なくして改善なし

自分の睡眠をマネジメントする――。そのためには、まず睡眠状態をセルフチェックし、どのような状態なのかを把握することから始めなければなりません。

睡眠状態を把握するには、「アテネ不眠尺度」（「5章　睡眠の常識・非常識」で詳述）をはじめ、いろいろなセルフチェックのツールがあります。自分の睡眠状態が把握できたら、それを可視化し問題点を明らかにします。

問題点が明らかになれば、どこをどう直していくかという対策が立てられます。そして、対策を実行に移し継続する。継続の途中でまたチェックをし、期待どおりに改善していれば、さらに継続。そうでなければ、さらに改善。こうした「セルフチェック アンドアクション」を繰り返すことが大切です。

しかし、私が睡眠問題で悩んでいる人と面談していると、「億劫で実行できていない」「試してみたが、やっぱり眠れない」「やってみたけれど長続きしない」と言う人が多くいました。つまり、睡眠問題の解決でセルフチェックも重要ですが、それ以上に重要なことは行動に移すことであり、それを継続させることです。ここを解決しなければ、睡眠問題を解決することはできないと言ってよいでしょう。

睡眠に関する本は数多く出ています。書店の自己啓発や健康を扱った本棚には睡眠関係の本があふれていますし、ネット書店で「睡眠」と入力すると３０００冊以上の本がヒットします。

しかし残念ながら、その多くは睡眠のメカニズムの説明や、寝具や寝室などを含めた眠りによい環境、眠りによいと言われている食べ物などについて詳しく説明しているものがほとんどで、睡眠を改善する対策を「行動に移すこと」「継続させること」の重要性や、継続させるコツについては、ほとんど書かれていません。

理解することは難しくはありません。実践し、継続することが難しいのです。睡眠の問題は、睡眠以外の領域へのアプローチが必要です。具体的には、ストレスマネジメント、感情マネジメント、行動マネジメントを取り入れた「睡眠マネジメント」の実践が、睡眠改善という結果につながります。

私は睡眠問題に限らず、相談者が問題を理解して行動を起こし、それを継続してもらい、結果が変わるところまで支援することを心がけています。

本書では、カウンセラーという立場から、不眠や睡眠不足など悪い睡眠習慣が及ぼす影響、眠りの仕組み、睡眠習慣の改善方法と継続のポイントなどを読者にお伝えしようと思います。それが本書でできれば、睡眠に悩む多くの人の問題を解決し、心も体も健康で、いきいきと働き、生活を充実させることができる実効性のある睡眠の本になるのではないかと考えています。

PART1
睡眠の正体を知る
なぜ「よく眠ること」が重要なのか

このPART1では、「睡眠の正体を知る」と題して、睡眠に対する社会の関心の変化から、最近話題になっている睡眠負債、なぜ眠くなるのかという睡眠のメカニズム、睡眠とホルモンの関係など、睡眠に関する「基礎知識」について解説しています。

すでに本や雑誌、テレビの健康番組などで、睡眠に関する知識を勉強している方は、復習としてお読みいただければと思いますが、一刻も早く睡眠問題の解決方法を知りたいという方は、PART2「睡眠をマネジメントする」からお読みください。

1章

睡眠軽視から睡眠重視の時代へ

「お父さん眠れてる？」のインパクト

かつての日本は寝る間も惜しんで働き続けることが美徳で、睡眠を軽視していました。それは、1990年代に「二十四時間戦えますか」という栄養ドリンクのCMが流行ったことでも想像できるのではないでしょうか。

このCMが好意をもって受け入れられたということは、ビジネスの世界では圧倒的な過重労働であったにもかかわらず、当のビジネスパーソンたちはそれを受容していたということです。猛烈に働けることは元気の証で、また、そういう人が評価されました。

教育の世界には、「四当五落」という言葉がありました。4時間しか眠らずに勉強した受験生は合格、5時間眠るような受験生は受験に失敗するという意味です。

受験生の母親も寝る時間を削って、勉強をしている子どもに夜食を作ってあげるという時代がありました。夜中の食事が健康に与える悪影響を気にも留めず、頑張っている子どもに夜食を作ってあげることで応援する。今では考えられないことです。

こうした睡眠軽視の潮目を変えたのは、2010年に内閣府が行った自殺防止キャンペーンでした。

覚えている方も多いと思いますが、娘が後ろ姿の父親に「お父さん眠れてる？」と声をかけているポスターが話題になりました。

うつ病を原因とする自殺を防止するために、うつ病の早期発見、早期対応を呼びかけたものですが、「お父さんご飯食べてる？」でもなく、「お父さん最近運動してる？」でもない。「眠れてる？」という問いかけにインパクトがありました。

このポスターのコピーが話題になるほど、心の健康の面でもしっかり睡眠をとることがいかに重要かということを物語るよい例だと思います。

日本の社会は睡眠を軽視してきましたが、このポスターが注目されたことでわかるように、睡眠を重視する時代に変わったのです。

世界睡眠医学協会では、睡眠の知識を広く理解してもらおうと、3月18日を「世界睡眠デー」と定めています。日本でも「眠れてる？」のポスターが話題になった翌年の2011年から、精神・神経科学振興財団と日本睡眠学会が協力して3月18日と9月3日を春と秋の「睡眠の日」として、十分な睡眠をとることで健康増進につなげる睡眠教育の啓発活動を行うようになりました。

この睡眠の日の前後には、新聞、テレビ、ラジオなどで睡眠に関する情報が一斉に発信され、睡眠の専門家を招いて市民向けの睡眠セミナーなども行われていました。

しかし現在は、365日、毎日睡眠情報が発信されています。前述したように、ネット書店で「睡眠」と入力すると、3000冊以上の本がヒットします。それほど睡眠に対する意識が高まっていると言ってよいでしょう。

企業も行政も睡眠に関心を持ち始めた

「健康経営」という言葉を聞いたことがあると思います。社員の健康管理を経営的な視点で考え、社員への健康投資を行えば、社員の活力向上や生産性の向上、組織の活性化などに通じるとして、厚生労働省と経済産業省が役所の垣根を越えて推進しています。

私も複数の企業から健康経営に結びつく施策について相談されることが多くなり、睡眠をテーマにした研修を提案すると、「ぜひやりましょう」という企業が驚くほど増えました。

それまでは、総務や人事の担当者が「睡眠は大事ですよね」という程度の反応でしたが、健康経営が追い風になり、企業にも睡眠重視の考えが広まっているのです。

健康経営への関心の高まりと同時に、働き方改革に取り組む企業も増えました。働き方改革の施策のひとつに、残業時間の削減があります。残業時間を抑制して、早く帰宅することを奨励する企業も増えました。

しかし、早く帰ったその人の生活習慣はどうなのでしょうか。ひょっとすると、ソファに寝転んでスマホでゲームをしたり、ＳＮＳでメッセージのやり取りをする。お酒を飲んでごろごろしている人もいて、健康経営とは真逆の生活をしている可能性があります。

働き方改革がうまくいくには、早く帰った後、その人が健康的に過ごせるようにサポートしなければ意味がありません。


健康経営と働き方改革をセットにして考えた時、企業が従業員の睡眠をサポートすることは、結果的に企業にとってのメリットになります。早く帰宅した社員が栄養バランスのよい食事をしっかり摂って、自分に合った時間に就寝する生活習慣を身に付ければ、毎日元気に出社して働いてもらえるからです。

義務化された運転前の睡眠不足チェック

いま紹介してきた内閣府、厚生労働省、経済産業省などの取組以外にも、文部科学省や国土交通省でも睡眠に関する動きがありました。

2006年から文部科学省では「早寝早起き朝ごはん」を国民運動として推進しています。最近では、『早寝早起き朝ご飯で輝く君の未来　～睡眠リズムを整えよう！～』という、睡眠に特化した中高生向けの啓発資料を配布して、正しい睡眠習慣を身に付ける指導を推進しています。

国土交通省では2018年4月、バス、タクシー、トラックなどの事業者に対して、運転者の睡眠不足による事故の防止をいっそう推進するため、乗務前にドライバーが睡眠不足かどうかをチェックする項目を加えることを義務化すると発表しました。それまで病気や疲労、酒気帯びなどのチェックはありましたが、睡眠不足はありませんでした。

なぜこれまで睡眠不足のチェックがなかったのか。遅きに失した感があります。

飲酒運転は事故を起こすリスクがあることは誰もがわかっていますし、交通法規にも違反しています。ですから飲酒運転をする人は極めて少ない。しかし、睡眠不足で運転をしている人はけっこういます。

飲酒と睡眠不足は同じくらい脳のパフォーマンスを低下させ、睡眠不足は運転に重大なリスクを及ぼすと警告している研究報告があります。

睡眠評価研究機構代表で医学博士の白川修一郎先生は、著書の『「睡眠力」を上げる方法』（永岡書店）で、注意力には、ひとつのことに集中する「内的注意」と周囲に注意をはらう「外的注意」があるが、睡眠が不足すると、内的注意に神経を使いすぎて外的注意が低下する傾向があると指摘しています。

例えば、運転することに意識（内的注意）が集中し、突然子どもが飛び出してきたとか、自転車が飛び出してきたという状況に意識（外的注意）が向かなくなるというわけです。まさに運転パフォーマンスの低下で、睡眠不足は思考狭窄（きょうさく）、視野狭窄を招くということです。

これは自動車の運転に限らず、睡眠不足だと仕事のミスも起きやすくなると言っているのと同じことです。

国土交通省は、睡眠不足をチェック項目に加える際、約7000人にアンケートを実施しました。その結果、バスの運転手は４人に１人が平均睡眠時間５時間未満だったそうです。

このような実態を重く見て、睡眠不足チェックを義務化したわけで、睡眠不足のリスク対策は一歩前進しました。

しかし、実際にドライバーたちが何時間寝ているかなど、そもそも自己申告なので、チェックしただけではわかるわけがありません。

聞き慣れない言葉かもしれませんが、「睡眠衛生」という言葉があります。睡眠衛生とは、質のよい睡眠をとるために、睡眠に関する正しい知識を習得して、睡眠に関する正しい習慣を持つことです。バス会社や運送会社は運転前のチェックに加えて、睡眠衛生教育も行うことが必要なのです。

このように、国の行政レベルで睡眠に関する取り組みが広まっています。取組を始めた時期に前後はありますが、睡眠不足が社会に及ぼす経済的損失、人的損失にようやく着目し、睡眠衛生教育の必要性を感じ始めたことは間違いありません。

新入社員だからこそ睡眠教育を

私は体育系の大学で講師をしていますが、学生と話をしていると、彼らの睡眠習慣は誤っていることがわかります。

体育大学ですから、学生たちの多くは何かしらのスポーツをしています。睡眠不足は運動能力を阻害するのでパフォーマンスが上がらない。また、その状態で運動をすればけがをしやすくなる。睡眠不足がどれだけリスキーなことであるか、アスリートであるにもかかわらず、睡眠への意識が低いのです。

これは体育大学に限らず、一般の大学でも似たような状況だと思います。そういう誤った睡眠習慣を確立してしまった学生が、毎年新入社員として企業に入ってきます。社会人になって突然意識が目覚めて、「今日からは早寝早起き朝ご飯」というわけにはいきません。

最近の若手は元気がないと言われたり、若い社員が自殺してしまう背景には、悪い睡眠習慣が隠れているように思います。

そういう状況でありながら、いまだに企業の新入社員研修というと、ビジネスマナー研修が主流です。私は、新入社員研修でビジネスマナーを教えるより、まず睡眠教育をしたほうがよいのではないかと思っています。なぜなら、睡眠をよくして若い力を仕事に注いでもらうほうが、企業にとってはメリットが大きいからです。

ビジネスマナーは、先輩社員のやり方を見ていれば自然と身に付きます。しかし、正しい睡眠習慣は、先輩や上司を見ていても身に付くものではありません。

せっかく入社した新入社員に元気に働いてもらいたい、成長してもらいたいと願うなら、やはり入社時に正しい睡眠習慣を身に付けさせる教育をするべきでしょう。企業内においても睡眠衛生教育が必要なのです。

2章

「睡眠不足」と「不眠」が招く重大リスク

睡眠不足と不眠の違いとは

中高年の多くが睡眠不足を訴えます。中高年だけでなく、若い人でも睡眠不足を訴える人は少なくありません。

しかし、いわゆる睡眠不足と不眠はまったく別物です。多くの人が眠りに関心を持っているにもかかわらず、実はこれを混同している人が驚くほど多いのです。

睡眠不足は、「眠ろうと思えば眠れるけれど、自分の意志で睡眠時間を削っている状態」で、悪い睡眠習慣です。夜中のスマホやネットサーフィンなど、これは圧倒的に10代20代の若い人に多い。

一方、不眠というのは、「ちゃんと眠りたいのだけれど眠れない状態」のことです。寝つきが悪い、夜中や早朝に何度も目が覚めてしまう、熟睡できないなどがそれにあたります。

睡眠不足と不眠の違いは、簡単に言ってしまえば、「眠ら**ない**」のと「眠れ**ない**」の違いです。

しかし、睡眠不足という悪い睡眠習慣が、結果的に眠ろうと思っても眠れないという不眠に陥るリスクを高めます。ならば、まず睡眠不足を改善していかなければなりません。

悪い習慣は、改善しようという意思があれば修正可能です。睡眠不足は、自分の意思で変えていくことができるのです。

40代は睡眠不足世代

近年、「中高年がキレやすい」「キレやすい中高年が増えた」という声をよく耳にします。

警察庁の統計「犯罪情勢」を見ると、2016年に暴行で検挙された年代は40〜49歳が最も多く、6029件。9年前（2007年）と比べると、2148人も増加しています。本来なら社会的な経験を積み、精神的成熟度が高いはずの中高年が、なぜキレやすくなっているのでしょうか。

2017年（平成29年）の厚生労働省「国民健康・栄養調査」によると、世代別平均睡眠時間で6時間未満の割合が最も多いのは男女とも40代という結果でした。総務省統計局の「社会生活基本調査」を見ても、40代後半から50代前半の睡眠時間が最も短いのです。

睡眠不足が続くとキレやすくなるため、十分に睡眠時間を確保することが大切ですが、40代は、職場では管理職として部署の目標達成と部下の育成を任される世代であり、家庭的には思春期の子どもがいて、受験の心配や教育費の問題など、何かとストレスを抱え込みやすい世代です。

警察庁が発表した2017年の年齢別自殺者数で最も多かったのは40代でした。40代は忙しい。忙しいから睡眠時間が短くなる。ストレスも多いのでよく眠れないなど、睡眠不足や不眠を抱えやすく、うつ病や自殺リスクが高い世代だとも言えます。

人は年齢とともに、社会的にも家庭的にも役割が増えていくものですが、それに加えて生活に彩りを添えるために、趣味に割く時間も増えていく。つまり、傾向として年齢とともに睡眠時間は減る傾向にあるのです。

しかし、生活の中で睡眠の優先順位を上げ、正しい睡眠習慣を身に付ければ、いたずらにキレることもなく、うつ病になることも避けられます。

40代の人に、なぜ十分な睡眠時間を確保しようとしないのか聞いたところ、「定年退職した後に取り戻す」と答えた人がいました。

ところが、シニア世代になると睡眠を促すメラトニンの分泌量が減少し、日中の活動量も低下するため、眠りたくても眠れなくなる人が多くなります。むしろ、睡眠時間を短めにしたほうが睡眠の質の改善につながる場合もあるのです。

睡眠不足が人の心と体に及ぼす影響の怖さを知らないので、「定年退職した後に取り戻す」というような発想になるのです。

特に40代の女性は、ほかの世代の男女と比べても睡眠が不足しています。これは家事や子育ての負担が男性以上にあるからだと考えられます。

睡眠不足は自分では気づきにくい

睡眠不足の状態が続くと、脳の機能が低下し、睡眠不足に気づきにくくなります。すると、悪い睡眠習慣を改善することができず、いっそう自覚しにくくなる……。こういう悪循環を起こしかねません。

私はカウンセリングで体調不良を訴える人と数多く面談をしてきましたが、その不調の多くは睡眠状態の悪さに原因がありました。

これまで私は、体調不良の原因が睡眠にあると思われ、相談内容から「大きないびきをかく」「高血圧」「中途覚醒が多い」「日中の眠気が強い」など睡眠時無呼吸症候群の特徴のある人100人以上に、睡眠外来や呼吸器内科などの専門外来で診察を受けてみるようにアドバイスしてきました。実際、そのうちの8割ほどの人が検査を受けたのですが、ほとんどの人が睡眠時無呼吸症候群と判定されました。

睡眠時無呼吸症候群と判定された人は、CPAPを装着して眠ると、その後、睡眠状態が劇的に改善し、「こんなことなら、もっと早くから始めていればよかった」と喜んでくれました。CPAP療法については、後で詳しく説明しますが、このように睡眠障害は自分が眠っている時のことなので、なかなか自分では気づかないものなのです。

本書の目的は、睡眠をよくして誰よりも健康になることを目指すのではなく、自分の睡眠状態に気づき、現実に改善できることを検討し、自分に合ったよい睡眠習慣を実践することで、最高の自分を取り戻してもらうことにあります。

睡眠不足と不眠が招く重大リスク

睡眠不足や不眠によるリスクは、自動車の運転だけに限りません。睡眠時間が短くなると、さまざまなリスクを高めると言われています。具体的には、次のようなものがあります。

- メンタルヘルス、生活習慣病、がんなどの病気を発症するリスクを高める
- 重要な記憶が定着しにくく、嫌な記憶が残りやすくなる
- 不安、抑うつ症状が出やすくなり、感情の制御機能を低下させる
- 体調不良で業務パフォーマンスが大きく低下する（プレゼンティーイズムの深刻化）
- マイクロスリープ（瞬間睡眠）の誘発、注意力の低下により、事故や災害の原因になる

睡眠不足は、生活習慣病やがんなどの病気を発症するリスクを高めるだけでなく、あらゆる病気を誘発するリスクを高めます。なぜなら睡眠不足は免疫システムと深くかかわっていて、睡眠が足りないと免疫システムが機能低下を起こすからです。

免疫力が低下するので、病気にかかりやすくなる。逆に言えば、ちゃんと寝ることは免疫力増強につながる、ということです。

睡眠不足はボディーブロー、後からじわじわ効いてくる

しっかり眠ると、重要な記憶が定着しやすくなり、嫌な記憶が消去されやすくなります。また、精神的なストレスも消去されやすくなるので、ストレスの原因である問題自体が解決したわけではないけれども、その問題が気にならなくなります。逆に睡眠が不足すると嫌な記憶が残りやすく、精神的なストレスが蓄積されやすくなるのです。

仕事でミスをした人に「今日は早く帰って寝なさい」とアドバイスするのは、睡眠科学的に正しいことだったのです。

睡眠不足にはさまざまなリスクがありますが、睡眠が不足している状態というのは、自分では気づきにくく、また家庭で起きていることなので、職場の同僚からは見えにくい面があります。もし職場でつまらないミスをし続ける人を見かけたら、睡眠不足を疑ってみることです。

急ぎの仕事のために徹夜をしてしまった時のような、一時的な寝不足なら問題はありませんが、恒常的な睡眠不足は、ボクシングのボディーブローのように後からじわじわ効いてきます。ボディーブローは一発KOを狙ったパンチではなく、相手の足の動きを止めるためのパンチです。まず相手の動きを止めておいて、「ここぞ!」と思った時にカウンターパンチで仕留める作戦です。

睡眠不足も同じで、今日寝ないからといって明日病気になるわけではありません。目に見えない状態で寝不足を蓄積してしまい、後からカウンターパンチを食らってしまうことが恐ろしいのです。

日々の寝不足を蓄積させない。最近の言葉で言えば、睡眠負債を溜めないことの重要性を意識すれば、大きなリスクは回避できるということをよく認識してほしいと思います。

睡眠が不足すると、理性のブレーキが利かなくなる

人間の脳には、短期記憶をつかさどる海馬の近くに、好き嫌いや喜怒哀楽、感情などを海馬に伝える、アーモンド状の中枢があり、扁桃体（へんとうたい）と呼ばれています。

扁桃体が感情中枢であるのに対して、額の内側にある前頭前野は思考中枢といわれ、やる気や思考など、いわゆる理性をつかさどっています。

感情をつかさどる扁桃体と、理性をつかさどる前頭前野は、ちょうどアクセルとブレーキの関係にあります。

満員電車の中で足を踏まれた時、扁桃体が怒りを感じます。しかし、「何だ、おまえ！」といきなり殴りかかったりしないのは、前頭前野がブレーキをかけて望ましくない行動を制御するからです。

このようにアクセルとブレーキの関係にある扁桃体と前頭前野ですが、睡眠が不足すると扁桃体の働きが盛んになり、一方の前頭前野の働きは低下します。

睡眠不足だとブレーキ（抑制力）が利かなくなり、アクセルが踏み込まれた状態になるので、感情のままに行動してしまうことが多くなります。つまり、社会的な行動がとりにくくなってしまうのです。

簡単に言えば、睡眠が足りないとキレやすくなる。前頭前野という理性のブレーキをしっかりと利かせるためには、ちゃんと睡眠をとらなければいけません。

前頭前野は理性のブレーキ以外にも、やる気や思考のほか、判断力や集中力にも関係しています。前頭前野の働きを低下させないためには睡眠が必要ということをよく理解してほしいと思います。これに関しては拙著『パワハラをなくす教科』（方丈社）で詳しく紹介していますが、社会問題化している職場のパワハラ問題の背景には睡眠負債が関係していると考えられます。

IT時代は健康危機時代

最近、目の疲れをやわらげる目薬や飲み薬を紹介するテレビCMをよく見るようになりました。

パソコンやスマホ、タブレットなどのディスプレイ（VDT：ビジュアル ディスプレイターミナル）を長時間見ることによって、目を酷使して疲れを感じる人が増えているからでしょう。

朝、満員の通勤電車の中で窮屈な姿勢でスマホやタブレットを見つめ、会社に着くと同時にパソコンを立ち上げる。仕事が終わっても帰宅途中にスマホやタブレットを見続け、家に帰ればテレビを見るか、またパソコンやスマホをいじる。多くの日本人が、毎日長時間ディスプレイを見続ける時代になりました。

これが体によいわけがありません。厚生労働省が２００８年（平成20年）に実施した「技術革新と労働に関する実態調査」では、いわゆるパソコンの画面などを見て作業している人のうち、34・6％が精神的な疲労を感じているといい、身体的な疲労を感じている人は68・6％に上りました。パソコンなどのディスプレイを長時間見つめる作業によって、目や身体や心に影響が現れる病気を、ＶＤＴ症候群あるいはＩＴ眼症と呼んでいます。

厚生労働省は、職場にＩＴ機器が導入され始めたことを受けて、すでに１９８５年（昭和60年）に「ＶＤＴガイドライン」を策定しましたが、その後の急速なＩＴ化の進展に伴って、２００２年（平成14年）に「新ＶＤＴガイドライン」を打ち出しました。

新ＶＤＴガイドラインでは、

・パソコンなどを使った連続作業は1時間を超えないようにすること
・連続作業時間内には1回か2回の小休止を設けること
・連続作業と連続作業の間に10～15分の休憩時間を設けること

などが記されています。

要するに、ディスプレイを長時間見続けて作業をすると、精神的にも肉体的にも疲れるので、事業者は社員がちゃんと休憩をとるような対策を立てるようにすすめているわけです。

脳は連続作業に弱く、休みをとらないで作業し続けるとパフォーマンスが低下します。ところが、職場では1日中パソコンを使って作業をしている人が多く、昼休み以外は休むことなく連続的に作業をしている。これでは精神的疲労や身体的疲労が蓄積しないわけがありません。

厚生労働省がいくらガイドラインを設けても、実態として事業者は社員を休ませてはいません。

パソコンなしでの仕事が考えられなくなった現在、ディスプレイを見続けたら、仕事の合間に少し目をつぶる、ストレッチをする、ちょっと手作業の仕事を入れるようにするなどの工夫を習慣化することが重要です。同じ仕事量でも疲労の蓄積を少しでも防ぐことを心がけてください。

スマホ依存からスマホうつへ

ＶＤＴ作業の怖いところは、作業している本人が精神的な疲労を感じにくいことです。仕事で長時間パソコン作業をして、ほんとうは疲れているはずなのに、帰りの電車の中でもスマホをいじってしまうのはそのためです。

『スマホうつ』（秀和システム）の著者である川井太郎先生は、スマホが手元にないと落ち着かない、いじらずにはいられない人たちはスマホ依存状態にあり、この状態がさらに進むと何らかの身体症状が出現すると指摘しています。それが「スマホ症候群」で、さらに精神状態への影響が生じる「スマホうつ」になるリスクも懸念しています。

当然のことながら、スマホうつを改善するためには、抗うつ薬を服用するのではなく、スマホを使うのをやめるか、あるいは使う時間を短くするしかありません。しかし、そもそもスマホに依存している状態ですから簡単なことではありません。

食品メーカーの味の素が、就寝直前までスマホやタブレットなど携帯端末を使っているかどうかを２０１５年にインターネットで調査したところ、「イエス」と回答したのは20

代の男性が48・4％であったのに対して、女性は70・8％。同じく30代では、男性が57・0％、女性が56・7％。総体的に若い世代に多いスマホ依存ですが、中でも20代の女性が突出して多いことがわかりました。

若い女性は男性に比べ、SNSでのメッセージのやり取りで、ついつい就寝直前までスマホを使ってしまうのかもしれません。あなたが20代の女性で、この70％のうちのひとりだとしたら、スマホ依存を疑ってみてください。

スマホ首は、首こり肩こりを引き起こす

頭は体重の約10分の1の重さと言われ、首にはその重い頭を支える役目があります。そのために首は椎骨（ついこつ）と呼ばれる7つの骨がS字型に重なって、頭の重さを分散する構造になっています。

ところが、長時間下を向いた俯（うつむ）き状態を続けていると、7つの骨が一直線になってしまい、頭の重さを分散できなくなってしまいます。いわゆるストレートネックです。

ストレートネックになると、肩甲骨や首、肩のあたりに強烈な負荷がかかり、神経を圧

迫します。その結果、肩こりだけでなく首のこりや頭痛、めまいなどを引き起こすとも言われています。

あなたの身近にある便利なスマホが、あなたの最大の敵になってしまいかねません。

就寝1時間前になったら、スマホの電源を切る。無料アプリのブルーライトカットフィルターをインストールする、ストレートネック防止のために、スマホを使う時は姿勢に注意するなど、スマホとうまく付き合う方法を一人ひとりが真剣に考えないといけない時代がきたのです。

短時間の睡眠は肥満の原因

2005年にコロンビア大学が成人男女8000人に対して行った、BMIと睡眠時間の関係についての調査によると、7~9時間睡眠をとっている人に比べて、5時間睡眠の人の肥満率は50%高く、4時間以下の睡眠の人は73%も高いことがわかりました。

これは、睡眠時間が短く活動時間が長いと食物を摂取する機会が増えるので、カロリーオーバーになるという単純な理由ではありません。

睡眠研究で世界の先端を行くスタンフォード大学医学部は、8時間睡眠をとっている人に比べて、5時間睡眠の人はグレリンという食欲増進ホルモンが14・9％増加し、反対に食欲抑制ホルモンであるレプチンが15・5％減少していると報告しています。

つまり、短い睡眠は「強い空腹感→食べ過ぎ→肥満」という悪循環を体内に作り上げてしまうというわけです。

改めて言うまでもなく、肥満は糖尿病、高血圧症、脂質異常症などの生活習慣病を招きやすくし、これらの病気が重複して発症するメタボリックシンドロームとも密接に関係しています。肥満を放置すれば、高尿酸血症から痛風を招いたり、脂肪肝やすい炎にも大きな影響を及ぼすだけでなく、大腸がんや前立腺がん、乳がん、子宮がんなど、多くのがんのリスクを高めることも指摘されています。

また、肥満によって体重が増加すると、骨や関節への負担が大きくなり、腰痛や膝痛などの関節障害を起こしやすくなります。

おわかりのように、肥満は万病のもとです。肥満のリスクを低くするためにも、睡眠時間をしっかり確保するようにしましょう。

睡眠時無呼吸症候群は、あらゆる病気になるリスクを高める

肥満が引き起こす睡眠障害のひとつに睡眠時無呼吸症候群（Sleep Apnea Syndrome）があります。最近ではテレビの健康番組でもたびたび扱われる病気なので、おおよそのことはご存じかと思います。

医学的な定義では、睡眠中に10秒以上の気道の空気の流れが止まった状態を無呼吸とし、これが7時間の睡眠中に30回以上、もしくは1時間に5回以上あれば、睡眠時無呼吸症候群と判定します。

睡眠時無呼吸症候群は、その原因から2つのタイプに分けられています。

ひとつは、空気の通り道である気道が物理的に狭くなり、呼吸が止まってしまう閉塞性タイプ。もうひとつは、呼吸中枢の異常による中枢性タイプですが、9割は前者の閉塞性タイプです。

この閉塞性の睡眠時無呼吸症候群を招く原因のひとつが肥満です。肥満によって脂肪がたまるのは、胸、腹、二の腕だけではありません。首や喉まわり、舌の付け根、口蓋垂（こうがいすい）

（のどちんこ）などにも脂肪はたまります。肥満により気道が狭くなったり、仰向けに寝た時に脂肪がついた舌や口蓋垂が下がりやすくなり、気道を狭窄（きょうさく）します。こうしたことによって無呼吸になってしまうのです。

無呼吸になると、当然ながら血中酸素濃度が低下します。血中酸素濃度が低下すると、危険を察知した脳が呼吸をするように命じます。つまり、睡眠時無呼吸症候群の人は、無呼吸が起きた回数だけ、睡眠中に脳が起きていると言ってよいのです。これではよい睡眠がとれるわけがありません。

睡眠が悪ければ、免疫機能が低下します。睡眠時無呼吸症候群は、あらゆる病気になるリスクを高めると言われるのは、このためです。

現在、日本の睡眠時無呼吸症候群の潜在的患者数は２５０万人以上とも５００万人以上とも言われています。会議中に眠ってしまう人、騒音だらけの電車の中でもいびきをかいて寝ている人を見かけますが、睡眠時無呼吸症候群を疑ってみる必要があると思います。

また、自動車を運転中の事故、鉄道のオーバーランなども、睡眠時無呼吸症候群が深く関係していると言われ、国土交通省も啓蒙に取り組んでいるほどです。

年をとったり、飲酒をしても筋肉は緩みます。舌や口蓋垂も筋肉なので、加齢や飲酒が無呼吸を促進します。また、もともと口蓋の骨格が大きければ、多少太ったとしても気道を狭める可能性はそう高くはありませんが、もともと小さい骨格の人は、無呼吸になりやすいと言われています。

睡眠時無呼吸症候群はCPAP療法で劇的に改善する

もし睡眠時無呼吸症候群と判定されても、落ち込む必要はありません。驚くほど簡単に質のよい睡眠を取り戻す方法があります。

睡眠時無呼吸症候群の患者の約9割は閉塞性です。これは睡眠時に鼻を覆うようなマスクを着け、機械で圧力をかけた空気を鼻から気道に送り込み、気道を広げて無呼吸を防止するCPAP（持続陽圧呼吸療法）という治療法で驚くほど睡眠を改善することができます。

私のところに睡眠相談に訪れた、大手メーカーで課長を務めるAさん（50代前半、男性）は、奥さんから「いびきがうるさい」と指摘されたと言います。私が検査を受けるようにすすめ、実際に受けたところ、1時間の無呼吸・低呼吸の回数35回、中途覚醒4回、典型的な睡眠時無呼吸症候群でした。

Ａさんは医師からこのＣＰＡＰ療法を提案され、早速、ＣＰＡＰを装着して睡眠をとることにしました。それから2か月後、無呼吸の回数は1時間に6回に激減し、体重も減りました。3か月後には、無呼吸は4回に減り、体重はさらに2キロ減りました。

無呼吸の回数が激減したこともさることながら、体重まで減りました。睡眠時間が短いと肥満につながると前述しましたが、Ａさんの睡眠の質がよくなり食欲が正常に落ち着いた結果と考えられます。

ＣＰＡＰ療法は、１９９８年に健康保険適用になり、１か月４５００円程度（診察料と装置レンタル料）の費用で治療を受けることが可能です。月に４５００円で質のよい睡眠がとれるようになり、病気のリスクが低下し、さらには仕事のパフォーマンスが高まり、運転や歩行などの安全性まで高まると思えば、決して高くはないでしょう。

本書の編集を担当しているＹさんもＣＰＡＰ治療を受けているそうですが、治療を始めたところ、血圧降下剤の効き目がよくなり、弱い薬に変えたそうです。睡眠が改善されれば免疫機能が上昇するので、ほかの病気の改善にもつながると医師から言われたそうです。

睡眠時の無呼吸は、本人が眠っている間のことなのでなかなか自覚できません。

家族から「いびきがひどい」「呼吸をしていなかった」などと指摘されたら、一度検査を受けることをおすすめします。

入院施設があり、専門医がいる医療機関なら、「一晩入院」で詳しい結果がわかります。また一般財団法人運輸・交通SAS対策支援センターでは、自宅で測定可能な睡眠時無呼吸症候群の簡易検査のサービスを行っています。

こうしたキットで、まず自分の睡眠時の無呼吸の状態を調べたり、睡眠アプリを使って睡眠状態を確認するのもよいと思います。

いびきをかいてはいるが治療するレベルではない人は、ダイエット、飲酒量を減らす、横向きで眠る、といった指導を受けるのが一般的です。

「不眠↓うつ病↓自殺」を防ぐ一言

うまく眠れない。夜中に起きてしまう……。こうした状態が長く続くと、本来なら疲れをとりストレスを解消する睡眠がストレスの原因になってしまいます。ストレスがたまると、睡眠状態が悪化するという悪循環を生みます。そして、不眠になると、抑うつや不安症状を強め、うつ病リスクも高めてしまうのです。

うつ病になると心身にさまざまな症状が出ますが、危険な傾向のひとつとして、「死にたい」という症状が出ることがあります。不眠が続くことによって、うつ病を発症し、自殺をしてしまうケースがあるということをしっかり認識しておいてほしいと思います。

日本人の平均睡眠時間は世界的に常にワースト上位ですが、自殺率も先進国の中ではトップクラスにあります。

うつ病の診断基準のひとつに睡眠障害があり、うつ病患者の9割は慢性不眠であると言われています。

うつ病は自分では気づかない場合があります。周囲の人も見た目だけではうつ病とは気づきません。仮に気づいたとしても「うつ病なのでは？」とはなかなか聞きにくいものです。

そのような時、眠れているかどうかが、うつ病の早期発見のポイントになります。

「最近、ちゃんと眠れている？」と質問するだけなら、家族でも職場の同僚でも聞きやすいでしょうし、聞かれた本人も答えやすい問いかけだと思います。

内閣府の自殺防止キャンペーンの「お父さん眠れてる？」というコピーを前に紹介しま

したが、非常に有効な問いかけだと思います。

家庭でも職場でも、調子の悪そうな人に「大丈夫か？」と声をかけても、聞かれたほうは心配をかけたくないので「大丈夫」と答えてしまいます。

しかし、「眠れている？」と聞けば、答えるハードルが下がり、「眠れている」「眠れていない」と具体的な答えが返ってきます。

管理職対象のメンタルヘルス研修では、体調の悪そうな部下に「大丈夫か？」ではなく、「眠れている？」と問いかけることをすすめています。

あなたの周りでも、うつ病のような症状を訴えている人がいたら、家庭でも職場でも、「眠れている？」と声をかけてください。この一言が、うつ病や自殺防止につながることがあります。

3章

睡眠はすべての問題を解決する

平均睡眠時間を1時間長くしただけで体調は劇変する

ＯＥＣＤの調査（２０１６年）で睡眠時間の長さを比較すると、日本人の平均睡眠時間は7時間22分と加盟国中最下位です。

7時間22分というと、「けっこう寝ているじゃないか」と思う人がいるかもしれません。しかし、ＯＥＣＤ加盟国の平均睡眠時間は8時間25分と日本より1時間以上も長いのです。日本人の睡眠時間は１９６０年代と比較して1時間も短くなりましたが、この「1時間長く眠るかどうか」は、健康に大きな影響を与えます。

私は今年満50歳になります。今は健康ですが、30代のころは、いつも体調の悪さに悩まされていました。何度も入院しましたし、しょっちゅう風邪をひいていました。そんな状態だったので、仕事のパフォーマンスが高いわけがありません。

ところが、20年後の現在の私はどうかというと、風邪ひとつひかず、まったくの病気知らず。その頃と今とどこが違うのかというと、平均睡眠時間が1時間長くなったということだけです。あえてもうひとつ付け加えれば、平日と土日の睡眠時間のギャップがなくなったことぐらいです。毎日、平日土日関係なく、同じ時間に寝て同じ時間に起きています。

以前は、平日の睡眠時間が極端に短く、週末に長く寝て一気にそれを取り戻すというパターンを繰り返していました。最近流行の言い方をすれば、平日は睡眠負債を蓄積させて、週末に一気に返済しようとしていたわけです。

しかし、これは社会的な時差ぼけを起こし、体調悪化の大きな要因になります。

平日土日関係なく毎日同じ過ごし方を続け、平均睡眠時間を以前よりも1時間長くした。これだけで劇的に体調が回復し、健康を取り戻したのです。

ストレスマネジメントとはスリープマネジメントである

企業の相談室で私のところを訪れる人は、会社のこと家庭のことなど、いろいろな悩みを抱えています。ここ数年目立って多くなってきているのが睡眠に関する相談です。

中でも「眠りたいけれども眠れない」という不眠を訴える人が多く、その原因は人間関係などのストレスからきているケースが圧倒的です。

カウンセリングを受ける時には「人間関係の悩み」で私を訪ねてくるのですが、詳しく話を聞いていると、実は眠れていないという人がほとんどなのです。

企業規模、業種を問わずこういうケースが実に多く、ストレスと不眠は相関しており、とりわけ人間関係のストレスが眠りを妨げている場合が少なくありません。

いま睡眠の専門医が書いた、いわゆる「睡眠本」がたくさん出ています。睡眠の仕組みや睡眠の質を高める方法については詳しく書かれていますが、残念ながら、眠りを妨げている原因であるストレスや感情にどう対処したらいいかについてはほとんど言及されていません。

つまり、そういう本を読んだ人は、睡眠に関する多くの情報を持っていながら、眠りを妨げている原因であるストレスや感情に対処する情報はほとんど持っていないのです。

どうすれば眠れるかは知的には理解していても、その原因であるストレスの対処法については情報がない、あるいは対処行動をとらないため、結局睡眠を改善できないでいるというわけです。

医師は眠りのことだけ書き、カウンセラーはストレスマネジメントのことだけを書く。ストレスマネジメントの本とスリープマネジメントの本が一体化していないのが現実ですが、実はこれが一体化していないと実効性は期待できません。

２０１５年（平成27年）にＮＨＫ放送文化研究所が行った「国民生活時間調査」によると、日本人の平均睡眠時間は7時間15分（平日）、１９６０年よりも1時間以上減っています。

この50数年の間、ずっと睡眠時間を削り続けている中で日本人の3人に1人が何かしら睡眠に問題を抱えているとも言われています。

ストレス社会と言われる中、睡眠不足あるいは不眠が最大のストレスになっているという現実があります。

私はメンタルヘルスを支援する立場として、働く人を対象に講演やセミナーで話すことが多いのですが、その時、

「ストレスマネジメントとはスリープマネジメントのことである」

と、よく話します。

ストレスマネジメントにはさまざまなアプローチがありますが、睡眠をマネジメントすることなしにストレスをマネジメントすることはできない。別の言い方をすれば、よい睡眠をとれば、睡眠中にストレスをコントロールすることができるのです。

つまり、自分に合った睡眠が最も効果的なストレス解消法であり、自分に合った快適な睡眠習慣を作り上げることが最強のストレス対策なのです。

良質の睡眠はウイルス対策ソフトと同じ

私たちがパソコンやタブレットなどでインターネットにアクセスする時、ウイルスに感染するリスクがあるので、ウイルス対策ソフトをインストールします。なぜそうするのかと言えば、パソコンやタブレットなどにはウイルスに対しての脆弱性(ぜいじゃくせい)があるからです。

睡眠不足の状態というのは、まさにウイルス対策ソフトをインストールしていないパソコンやタブレットと同じようなもので、生体防御システムが万全ではなく、体に脆弱性を抱えている状態と言えます。

言い換えれば、生体防御システムは睡眠をとおして回復し、睡眠中に疲れをとり、ストレスを解消し、脳の情報メンテナンスも行います。

自分の体を脆弱にしてしまうのか、生体防御システムを高度に機能させるのかは、自分次第ということです。パソコンやタブレットなどのリスクだけでなく、自分の生体リスクに対してもっと敏感になってほしいと思います。

8時間眠ることが重要なのではない——自分なりの睡眠習慣を確立する

私は民間企業や官公庁で講演や研修をすることがあります。その後にはアンケートを行い、受講者に満足度を答えてもらうようにしています。

テーマによって、当然満足度は異なりますが、一般的なストレス対処に関する抽象度の高いセルフケア研修などは、受講者からの高い満足が得られにくいのですが、一方、睡眠研修を行うと、企業の規模、業種、受講者の年齢、職掌を問わず、おしなべて高満足という結果が出ます。

ぐっすり眠りたい、すっきり目覚めたい、あるいはショートスリーパーになりたいなど、それぞれ知りたいことや目指すところは違うのですが、睡眠については非常に強い関心があります。

私の睡眠研修では、「快適な睡眠習慣の実現は究極のセルフケアだ」と表現することがあります。睡眠は元気に働くための強固な基盤であり、スリープマネジメントをしないことは、セルフケアをしないのと同じだとも言います。

元気に働くことを望まない人はいないと思います。ならば、きちんと寝なければいけない。なぜなら、睡眠の状態がよければ覚醒度が上がり、元気が出てくるからです。

日中の覚醒と夜の睡眠が一対であることは、改めて言うまでもなく誰でも知っています。しかし、日中にしっかり覚醒し続けるためには、いつ寝ればよいのか、何時間眠ればよいのか、これは一人ひとりまったく異なります。

例えば、夜型の人と朝型の人では就寝にベストな時間が違いますし、何時ごろに眠たくなるのかも違います。また、何時間眠れば十分かは、短時間睡眠でも問題のないショートスリーパーがいれば、8時間眠っても足りないというロングスリーパーもいるように、遺伝的に決まっていると言われています。

重要なことは、8時間睡眠をとることではなく、自分が何時間眠れば日中の覚醒に問題がないのかを、自分自身が知っておくことです。

夜型の人に午後10時に寝なさいと言っても無理な話ですし、朝型の人は無理に遅くまで起きている必要はなく、午後10時に眠くなれば寝てしまえばいいのです。それが「自分の体に合っている」からです。

自分に合った就寝のタイミング、自分に合った睡眠時間、それを習慣化した結果、日中に眠気が出ることもなく、元気に活動できると感じられれば、それが自分にとっていちばんよい睡眠の状態なのです。

私たちはよく「今日は調子がいいぞ」と言います。しかし、普段から調子がよければ、こんなことは言わないのではないでしょうか。「今日は調子がいい」と感じるのは、それだけ普段の調子が悪いということなのです。

睡眠欲求を満たさなければ自己実現はできない

肉体的、精神的、社会的に「すべてが満たされた状態」を実現するのに重要なことは、自分に合った睡眠習慣を作り上げることです。

では、「すべてが満たされた状態」を手に入れるにはどうしたらよいのでしょうか。

「満たされた状態」は、「欲求」と言い換えることができます。アメリカの心理学者、アブラハム・マズローは、この欲求を5つの段階に分けて説明しました。いわゆる「欲求5段階説」と言われているもので、生理的欲求、安全の欲求、所属と愛の欲求、承認の欲求、自己実現の欲求という具合に、人間の欲求を低次元の欲求から高次元の欲求に分けました。管理職を対象とした一般的な部下育成研修では、最終的な自己実現の欲求を満たすには、４番目の承認の欲求こそが重要だとしています。

仕事において自己実現できれば、さらに高いところに目標を定め、自ら動くビジネスパーソンに成長していく。その動機づけとなるのは、上司からの承認が必要だというわけです。

多くの部下育成の研修やセミナーで、どのように部下を承認するか、そのテクニックやスキルについて多くの時間を割いているのは、そのためです。

上司の適切な承認が部下を成長させる動機となるのは間違いありません。しかし、ここで重要なのは、承認されたいという欲求が生じるには、所属と愛の欲求が満たされていることが必要であり、所属と愛の欲求が満たされるには、安全の欲求、さらには生理的欲求が満たされている必要があると認識することです。

つまり、低次元の欲求である生理的欲求が満たされていなければ、高次元の自己実現の欲求を満たす意欲は生まれないということです。

もうおわかりだと思いますが、すべての欲求の土台になるのは生理的欲求であり、この

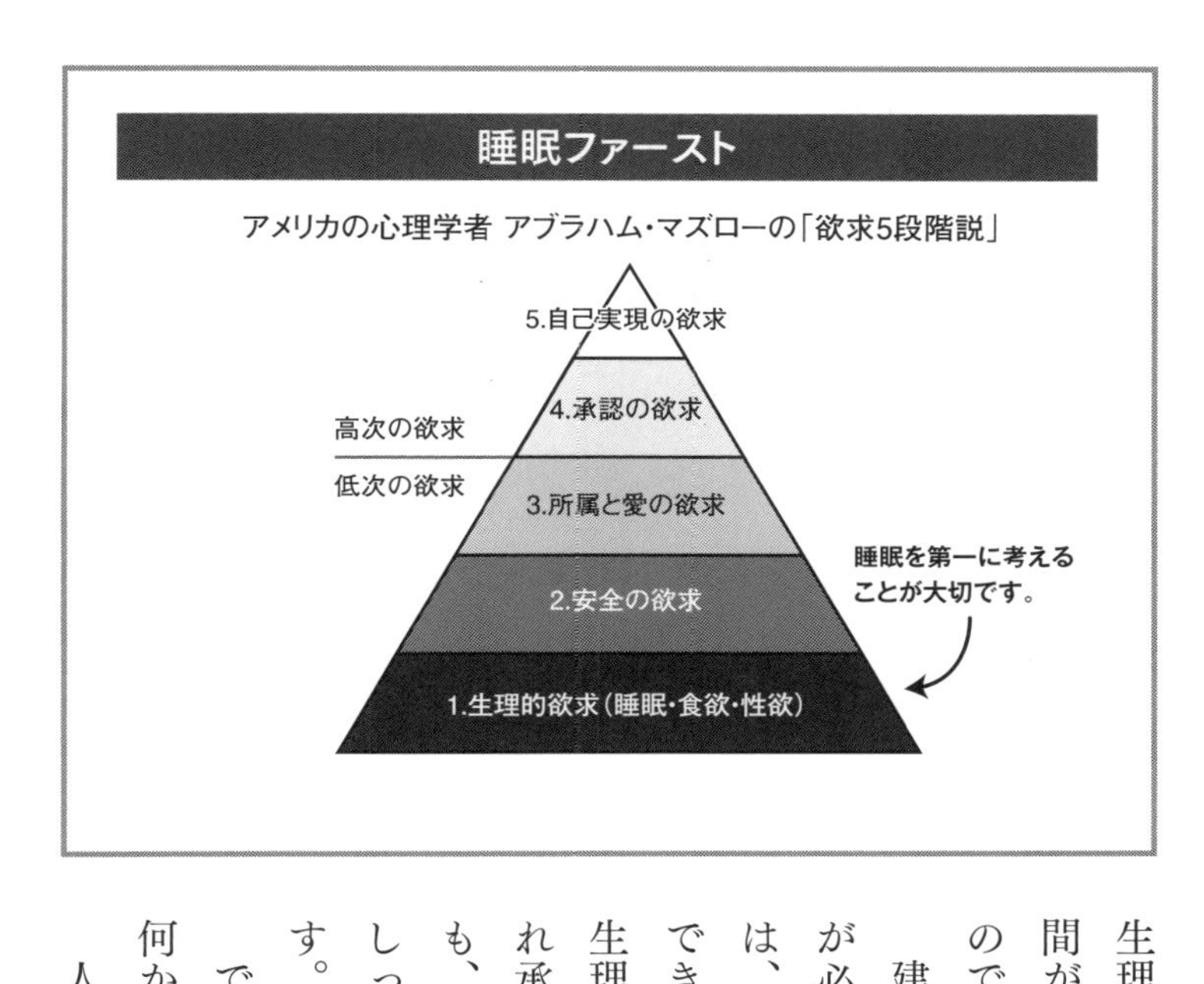

生理的欲求こそ睡眠、食欲、性欲など、人間が生きていくために最低限必要な欲求なのです。

建物には、しっかりした基礎工事や土台が必要です。ぐらつくような基礎工事では、柱を立てることも屋根を架けることもできないように、人間が生きていく上での生理的欲求をしっかり満たさないまま、やれ承認のスキルだ、テクニックだと言っても、一時的には効果があっても、土台がしっかりしていないので持続しないのです。

では、生理的欲求の中で最も重要なのは何かと言うと、それは睡眠です。

人間は多少食べなくても水さえあれば生

きていくことができます。しかし、眠らないと生きていくことはできません。

実験でマウスを強制的に起きたままにしたところ、そのマウスは死んでしまったという話を聞いたことがあります。

人間ではできない実験ですが、おそらく人間も眠らなければ死んでしまうでしょう。生理的欲求の中でも睡眠欲求を満たすことが最重要ということです。

7か条から12か条に増えた睡眠指針

厚生労働省は「健康づくりのための睡眠指針２０１４」を出しました。２００３年（平成15年）にも７か条の睡眠ガイドラインを出していますが、この10年余りの間に、いわゆる睡眠科学の知見が蓄積されたことと、新たに生活習慣病やメンタル疾患の問題も増えてきたので、ガイドラインも５つ増やして、12か条とした経緯があります。

①良い睡眠で、からだもこころも健康に。

②適度な運動、しっかり朝食、ねむりとめざめのメリハリを。
③良い睡眠は、生活習慣病予防につながります。
④睡眠による休養感は、こころの健康に重要です。
⑤年齢や季節に応じて、ひるまの眠気で困らない程度の睡眠を。
⑥良い睡眠のためには、環境づくりも重要です。
⑦若年世代は夜更かしを避けて、体内時計のリズムを保つ。
⑧勤労世代の疲労回復・能率アップに、毎日十分な睡眠を。
⑨熟年世代は朝晩メリハリ、ひるまに適度な運動で良い睡眠。
⑩眠くなってから寝床に入り、起きる時刻は遅らせない。
⑪いつもとちがう睡眠には、要注意。
⑫眠れない、その苦しみをかかえずに、専門家に相談を。

①や②の言葉は、「そんなことは改めて言われなくても」と軽視してしまうかもしれませんが、ここに書かれていることは、すべて睡眠科学の根拠に基づいています。

この中で私が特に重要だと思うのは、⑩の「眠くなってから寝床に入り、起きる時刻は遅らせない。」という指摘です。

これは、2003年のガイドラインには入っていません。近い指摘としては「眠る前に自分なりのリラックス法、眠ろうとする意気込みが頭をさえさせる」があり、「自然に眠たくなってから寝床に就く、眠ろうと意気込むとかえって逆効果」という補足説明がされていました。これが2014年に大項目に昇格したということは、この間の知見で「眠くなってから寝床に入ること」の重要さがより認識されたということでしょう。

私は、この「眠くなってから寝床に入ること」が悪い睡眠習慣を直す重要ポイントで、これが実行できれば睡眠状態は改善できる可能性が高いと考えています。しかし、言葉で言うのは簡単ですが、これがなかなかできていないのです。

例えば、眠くないのに寝床に入る。高齢者にありがちなことですが、眠れないので寝床で考え事をしているうちに「眠れないこと」に意識がいってしまい、脳に覚醒物質が分泌される。すると脳が睡眠準備の状態から覚醒状態に変わってしまうというわけです。

長い時間布団に入っているけれども、生理的に眠っていない状態が長いというのは、睡眠効率を悪化させます。

睡眠効率については、「10章　睡眠改善アクション」で詳しく説明しますが、眠くなってから寝床に入り、それとともに起きる時間を遅らせないことが重要なポイントなのです。

浸透していない睡眠改善のポイント

前項で、睡眠効率を高めるには、眠くなってから寝床に入ることが重要と述べました。では、どうすれば眠くなるのか、ここが睡眠改善の第一歩になります。

私は「睡眠指針徹底解説セミナー」と銘打った講演を行っています。なぜこのようなネーミングのセミナーを行っているかというと、「健康づくりのための睡眠指針２０１４」の⑩に睡眠改善の重要ポイントである「眠くなってから寝床に入る」という指摘があるからにほかなりません。

しかし残念ながら、厚生労働省の睡眠に関するガイドラインの存在はほとんど知られていません。企業の総務部や人事部を通じてＰＲすれば、従業員に伝わりやすいと思うのですが、それもしていない。このような状態ですから、まして自営業の人や家庭の主婦に浸透しているはずがありません。

厚生労働省のガイドラインは睡眠改善のポイントが整理されているので、これに沿ってメンタル面も含めた健康管理と睡眠の関係を解説し、睡眠改善に取り組む人を増やしていくのがセミナーの目的です。

現在、睡眠の問題を主治医に相談している人は少なくないでしょう。しかし、医師は限られた診療時間に多くの患者を診察するので、眠る前のリラックスの仕方、飲酒や喫煙、スマホ等が眠りを阻害することなど、就寝前のアドバイスはしても、「起きる時間を遅らせない」といった起床時のことまで丁寧に説明することは時間的に難しいと思います。

また、企業内において産業医が過重労働者と面談をしても、「しっかり寝てください」という慰め程度の言葉をかけるだけで、具体的な睡眠改善の方法まで指導していないのが現実ではないでしょうか。

そういった状況を踏まえても、私たち一人ひとりが、睡眠について正しく理解し、自分に合った睡眠を考え、実践することが何よりも重要なのです。

残業時間を減らしても、睡眠時間は長くならない

2015年（平成27年）の厚生労働省「過労死等に関する実態把握のための社会面の調

査研究事業」によると、睡眠時間が足りていないと感じている人は45・7%、つまり2人に1人は「睡眠が足りていない」と感じています。

では、なぜ睡眠が足りていないのかを質問すると、36・1%の人が「残業時間が長いため」と答えています。

こうしたデータや過労死が発生している現実をもとに、働き方を見直すべきだという議論が生まれ、働き方改革の推進につながっているわけです。

しかし、残業時間が短くなればみんながちゃんと眠るようになるかというと、必ずしもそうとは思えません。

と言うのは、そもそも通勤時間が長い人もいますし、残業時間が少なくなった分を、インターネットやゲームをする時間にあてたり、帰宅途中や帰宅してからお酒を飲んでしまうような人が出てくることが容易に想像できるからです。最近、仕事が終わった後、すぐに家に帰らないでフラフラしている人、通称「フラリーマン」と呼ばれる会社員もいるようです。

つまり、残業時間を削減すれば、削減された時間がそのまま睡眠時間にプラスされるわけではない。睡眠改善は本人の生活習慣の問題であり、健康意識の問題なのです。

もちろん、長時間残業によって睡眠がじっくりとれずに疲労が蓄積し過ぎてしまう、家族とも話せないし、趣味もできないということは起こります。

しかしもう一方で、帰ってから何をするのかということに関してもアプローチしていかないと、会社が働き方改革で望んでいる、社員に元気に働いてもらうことにはつながらないと思うのです。

4章

睡眠負債を返済する

睡眠負債とは

ここで睡眠負債について、簡単に説明しておきましょう。

睡眠負債はスタンフォード大学のウィリアム・デモント教授が提唱したもので、一言で言うと、「日々の睡眠不足が借金のように蓄積された状態」のことです。

2017年にNHKが「睡眠負債が危ない」という番組を放送したことがきっかけで、その年の新語・流行語大賞のベスト10に選ばれるなど、一気に知れ渡りました。しかし、もともとは睡眠科学の専門用語で、研究者の間では普通に使われていました。

睡眠負債を蓄積させると、あらゆる病気を誘発し、脳のパフォーマンスを低下させるリスクが高まります。自覚症状がなく、知らないうちに蓄積していきますが、返済は可能です。ただし、まとめて返済することはできません。これらが睡眠負債の特徴です。

睡眠負債に自覚症状はないと言っても、自分でチェックする方法はあります。

いつもと同じ時間に就寝し、目覚まし時計をセットしないで寝て、いつもより数時間長く眠ってしまった場合や寝床に入ってすぐに眠ってしまう人は、睡眠負債が溜まっている可能性が高く、今より睡眠時間を長くしたほうがいいでしょう。

睡眠負債とは継続的な寝不足のことですから、睡眠負債のリスクは、2章の「睡眠不足と不眠が招く重大リスク」で紹介したことと同じことと考えてください。

睡眠負債は寝だめでは返済できない

もし、あなたが睡眠負債を抱え込んでしまったらどうするでしょうか。睡眠不足になるのは、仕事が忙しく帰宅が遅くなるからだ。だから土日に寝だめをして、不足分を取り返そう。多くの人は、このように考えがちです。

しかし、これはおすすめできません。土日に睡眠時間を増やしすぎると、「社会的時差ぼけ（ソーシャル ジェットラグ）」を起こす可能性が高くなります。社会的時差ぼけとは、体内時計と生活時間の間に生じる「ズレ」のことで、体調の悪化や肥満、糖尿病などの発症リスクを高める可能性があります。つまり、睡眠負債の返済を目的とした土日の寝だめは、わざわざ生活のリズムを乱す行為と言ってよいでしょう。

では、一度睡眠負債を抱え込んでしまったら返済は不可能なのかというと、答えは可能です。ただ土日の寝だめで一括返済することができないのです。本当のお金の負債なら一括返済は可能ですが、睡眠負債はそれができない分、厄介だと言えます。睡眠負債は毎日少しずつ返済するしかないのです。

自分のベストな睡眠時間には2時間足りないが、2時間増やすことは難しいと言う人は、平日の睡眠時間を30分でも40分でも増やし、睡眠負債の蓄積を今より少なくします。

そして、残りの睡眠負債を週末に少しでも返済したい場合、平日の睡眠時間プラス2時間以内に抑えるようにするのです。2時間以内なら体内時計に与える影響は少なく、健康上の問題を引き起こしにくいと言われているからです。

「即爆睡」は睡眠負債の証拠

人から寝つきの良し悪しを聞かれて、「床に入ったら即爆睡です」と自慢気に答える人がいます。しかし、そんな人こそ睡眠負債を溜め込んでいる可能性があります。

睡眠が足りている人は、一般的には10分間ほどかけて覚醒から睡眠へ徐々に移行していくものです。家電のスイッチを切るように、いきなり覚醒から睡眠へと切り替わるということはないのです。

すぐに入眠できるのは寝つきがよく健康的と思われがちですが、睡眠負債が溜まっている可能性があると考えたほうがよいでしょう。

一方、なかなか寝つけないという人もいます。こういう人たちは、そもそも普段から睡眠時間が長すぎたり、自分の寝るタイミングではない時に寝床に入っている可能性があります。寝床に入っているのにうまく眠れないことを気にして、かえって覚醒モードに入ってしまうこともあります。これはこれで問題ですが、睡眠負債を溜めているわけではありません。その場合、睡眠制限法といって、寝床に入る時間を遅らせる方法があります。

睡眠制限法については、「10章　睡眠改善アクション」で詳しく説明します。

5章

睡眠の常識・非常識

睡眠を見える化する

２０１５年12月から、従業員50人以上の事業所に対してストレスチェックの実施が義務化されました。

労働者自身が目に見えないストレス状態を可視化して、セルフケアの実践につなげたり、集団分析の結果から、組織のストレス状態を分析して、職場環境の改善に役立てることを目的としています。

睡眠に関しても、「見える化」することが重要です。睡眠を見える化する際の信頼性の高いアセスメントとして、「アテネ不眠尺度」があります。

アテネ不眠尺度は、２０００年に世界保健機関（ＷＨＯ）を中心に作られたもので、８つの質問に対し、それぞれ０～3点まで4つの評価に分かれおり、過去1か月間に週3回以上経験したことに「✓」をつけ、その合計点で自分の睡眠状態がわかるようになっています。

睡眠セミナーの参加者にアテネ不眠尺度を実施してもらうと、6～8割の人が4点以上

アテネ不眠尺度

各項目について「過去1か月間に、少なくとも週3回以上経験したもの」を選び、点数を合計してください。

Soldatos et al,:journal of Psychosomatic Research 48:555-560,2000

❶寝つきについて	
いつも寝つきはよい	0
いつもより少し時間がかかった	1
いつもよりかなり時間がかかった	2
いつもより非常に時間がかかったか、まったく眠れなかった	3

❷夜間、睡眠中に目が覚めることは?	
問題になるほどではなかった	0
少し困ることがあった	1
かなり困ることがあった	2
深刻な状態か、まったく眠れなかった	3

❸希望する起床時間より早く目が覚め、それ以上眠れなかったことは?	
そういうことはなかった	0
少し早かった	1
かなり早かった	2
非常に早かったか、まったく眠れなかった	3

❹総睡眠時間について	
十分だ	0
少し足りない	1
かなり足りない	2
まったく足りないか、まったく眠れなかった	3

❺全体的な睡眠の質について	
満足している	0
少し不満だ	1
かなり不満だ	2
非常に不満か、まったく眠れなかった	3

❻日中の気分について	
いつも通りだ	0
少し滅入った	1
かなり滅入った	2
非常に滅入った	3

❼日中の身体的、精神的活動について	
いつも通りだ	0
少し低下した	1
かなり低下した	2
非常に低下した	3

❽日中の眠気について	
まったくない	0
少しある	1
かなりある	2
激しい	3

合計点(最大24点)	点

0点～3点…不眠症の心配ない
4点～5点…不眠症の疑いが少しある
6点以上…不眠症の疑いがある

という結果になります。私たちの生活習慣自体が、すでに不眠を招きやすいものになっていることがわかります。

このアテネ不眠尺度は時間をかけずに誰でも簡単に自分の睡眠状態を知ることができます。自分が眠っている間のことは気づきにくいですし、判断できません。こうしたツールを活用し、まず自分の睡眠状態を把握してみましょう。

自分の睡眠問題を分解する

私は睡眠セミナーでアテネ不眠尺度を使って、参加者に睡眠状態のセルフチェックをしてもらった後、「2点以上の質問項目にチェックを入れてください」とお願いしています。それは、合計点だけを確認するのではなく、そもそも睡眠に問題があるという結果だった場合、「睡眠の問題を分解して、どこに問題があるのかを明確にすること」が大切だからです。

例えば、最初の「寝つき」についての質問が2点以上だったら、入眠を阻害しているのは何か？　眠くないのに布団に入っている、就寝前に考え事をしてしまう、ストレスがあ

アテネ不眠尺度　詳細チェック

☑	項目	問題点
	❶寝つきについて	入眠困難
	❷夜間、睡眠中に目が覚めることは？	中途覚醒
	❸希望する起床時間より早く目が覚め、それ以上眠れなかったことは？	早朝覚醒
	❹総睡眠時間について	睡眠の量
	❺全体的な睡眠の質について	熟眠困難
	❻日中の気分について	日中の活動・体調への影響
	❼日中の身体的、精神的活動について	
	❽日中の眠気について	

るなどの原因が考えられます。

2番目の「夜間、睡眠中に目覚めることは？」が2点以上なら、中途覚醒が問題なので、寝る前にトイレを済ませておく、カフェインやアルコールの摂り過ぎに注意する、あるいは睡眠時無呼吸症候群を疑ってみるなど、具体的な対策がとれるようになります。

いわゆる不眠症とは、入眠困難、中途覚醒、早朝覚醒、熟眠困難、この4つのどれかに問題があることを指します。医療機関では、その状態が1か月以上続いて、日中の生活に何らかの支障があれば、不眠症と診断されます。

6番目、7番目、8番目の質問は、まさ

に日中の生活に支障があるかどうかを尋ねています。つまり、最初の質問から5番目の質問のすべてに点数をつけたとしても、6~8番目に点数がつかなければ、過度に心配する必要はありません。

アテネ不眠尺度は単純な足し算で判定するので、不眠症の疑いがあるという結果が出やすいのですが、日中の生活に支障がなければ不眠症の疑いは今のところない、と考えてよいでしょう。ただし、睡眠に何らかの問題を抱えていると、やがて、日中の体調に悪い影響が出てくる可能性が高いため、注意は必要です。

要するに、全体結果だけでなく、詳細部分の確認が必要なのです。アセスメントとしてのアテネ不眠尺度は、「睡眠で困っている」という主観的で抽象度の高い問題を分解して、睡眠改善のアクションを検討するのに適したツールと言えます。

睡眠の質や量は、人や年齢によって異なる

アテネ不眠尺度の4番目の質問に「総睡眠時間について」があります。この質問では何時間睡眠をとっているかという具体的な時間数ではなく、「十分だ」「少し足りない」など

睡眠時間が足りているかどうかを尋ねています。

必要とする睡眠時間には個人差があり、「何時間眠らなければダメ」というものではありません。

その人にとって必要な睡眠時間は、遺伝的な要素が強く、環境や日中の活動量なども関係すると考えられますが、自分に必要な睡眠時間は、日中の活動に支障があるか、ないかがひとつの判断基準になります。日中強い眠気が出る、体調が悪い、という状態が生じていたら睡眠の質か量に問題があると考えてください。

また、必要睡眠時間は年齢によっても異なります。若い時にはよく眠れたという記憶があるので、昔より熟眠困難になったと訴える人がいますが、必ずしも現在の睡眠の質に問題があるとは言えません。

つまり睡眠の質や量は、若い時と比べるのではなく、「現在の年齢に必要な睡眠時間かどうか」を考えるべきなのです。

睡眠を誘発するメラトニンは年齢とともに減少するので、加齢とともに深い眠りも減っていきます。高齢者の多くが熟睡感の低下を感じたり、朝早く目覚めるのは、自然なことなのです。

なぜ二度寝はよくないのか

早く目が覚めたけれど、起きるにはまだ早い……。こんな時に「二度寝」をした経験は誰にでもあると思います。二度寝は睡眠時間を多くとった分、体を休ませることになるからよいことだ、だいいちよく眠れるのは健康な証拠、と思われがちです。

しかし「目が覚める」とは、体内でホルモンの分泌が促され、起きて活動できる準備が整った状態のことだと言われています。したがって二度寝とは、起きられる状態になっているにもかかわらず、むりやりもう一度寝てしまうという非合理的な行為であり、主観的な満足感は得られても、睡眠のリズムを狂わせ、体に負担をかけるので、長い二度寝には気をつけたほうがいいでしょう。

推奨される年齢別睡眠時間

睡眠時間は年齢とともに変化し、一般的に年をとればとるほど短くなっていきますが、

年齢別推奨睡眠時間

年齢	限界最短睡眠時間	望ましい睡眠時間	限界最長睡眠時間
0～3か月	11～13	14～17	18～19
4～11か月	10～11	12～15	16～18
1～2歳	9～10	11～14	15～16
3～5歳	8～9	10～13	14
6～13歳	7～8	9～11	12
14～17歳	7	8～10	11
18～25歳	6	7～9	10～11
26～64歳	6	7～9	10
65歳～	5～6	7～8	9

出典：2015年　米国国立睡眠財団

アメリカの国立睡眠財団が公開している年齢別の推奨睡眠時間によれば、「望ましい睡眠時間」は、生後3か月までの乳児が14～17時間と最も長く、学生やビジネスパーソン（18～25歳、26～64歳）は7～9時間、65歳以上は7～8時間としています。

言うまでもなく、自分に最適な睡眠時間には個人差があります。したがって上の表に示した睡眠時間を絶対にとらなければならないというのではなく、あくまでひとつの目安にしてもらえればと思います。

むしろ注目してほしいのは学生やビジネスパーソンの限界最短睡眠時間で、最低でも6時間の睡眠が必要としています。反対に、限界最長睡眠時間を10～11時間としています。短時間睡眠もよくないが、長時間睡眠もよくない。短時間睡眠はそもそも睡眠不足ですが、長時間睡眠はかえって睡眠の質を低下させます。

長時間睡眠は「ダラダラ残業」と同じ

よい睡眠を可能にするには、疲労物質と睡眠物質が必要で、それがなければ、そもそもよい睡眠をとることはできません。

つまり、人は起きて活動している間に体内に疲労物質と睡眠物質を蓄積します。疲労の蓄積や起きている時間が長いと、恒常性維持機構（ホメオスタシス）の働きにより、自然と深い眠りに割り当てられる時間が増えます。

ところが、眠っている時間が長ければ、必然的に起きて活動している時間は短くなり、疲労物質も睡眠物質も蓄積されにくい状態になります。簡単に言えば、ある程度疲れなければよい睡眠をとる条件が整わないので、睡眠は当然浅くなる、というわけです。

私は、長時間睡眠はかえって睡眠の質を低下させるという話をする時、「ダラダラ残業」のたとえ話をします。

遅くまで会社に残っているけれども、集中して仕事をしていない人がいます。残業時間は長いけれど、仕事の成果が伴っていない、いわゆる「ダラダラ残業」です。

一方では、定時に仕事を終えて帰ってしまうのに、ほかの人以上に仕事をこなしている人もいます。

20～30年前の会社では、「遅くまで残っている人＝頑張っている人」と見られ、一種の美徳とされていました。しかし時代は変わり、それは質の悪い仕事をしているというのが最近の評価です。

長時間睡眠はまさにこのイメージで、効率が悪く「ダラダラ寝ている」状態なのです。

寝酒が習慣になっている中高年

カウンセリングをしていると、中高年の男性、特に単身赴任者に寝酒をしている人が多いことがわかります。実際、単身赴任をしてから酒の量が増えたという人は少なくありません。ひとりでテレビを見ながら寝るまでダラダラ飲んでしまうのだそうです。

私は海外赴任者のメンタルヘルス支援もしています。これまで、中国、タイ、ベトナム、インドネシア、ラオスなどの日系企業を訪問してカウンセリングをしましたが、多くの人が赴任してから飲酒量が2倍以上になったと言っていました。

アルコールは、少量ではドーパミン分泌による覚醒作用を促し、気分がよくなりますが、一定量を飲むと眠くなるため、寝酒を習慣にする人が多いのでしょう。

しかし、アルコールは、深い睡眠を減らし、中途覚醒を増加させるため、睡眠との相性はよくありません。

寝つきがよくなるからといって寝酒をして、睡眠の質を下げては本末転倒です。飲酒をやめられない場合、せめて、寝酒はやめて、夕食時に適量の飲酒をするように心がけてください。

海外赴任者は生活と仕事の環境が大きく変化します。日常的に緊張を強いられ、ストレスを解消する手段が少ないため、飲酒量が増えるのでしょう。

実際、不眠症から、うつ病を発症して帰任する人もいて、自殺者も出ています。

海外では、産業医や保健師の指導を対面で受けられないため、本人のセルフケアに頼るしかありません。

ストレスチェック制度が義務化され、職場のメンタルヘルス体制が充実する一方、海外赴任者への健康サポートは一向に進んでいません。

人事部には、高ストレス状態、不眠になりやすい海外赴任者に対する赴任前の健康サポート（睡眠セミナーや個別面談など）の導入を検討していただきたいと切に願います。

6章

「自分の睡眠問題」にアプローチする

ウェブで睡眠状態を簡易診断してみる

前章で、その人にとって必要な睡眠時間には個人差があり、一律に何時間眠れば十分というものではないと述べました。

自分の睡眠状態が気になる人は、国立精神・神経医療研究センターなどが作成した「睡眠医療プラットフォーム」というウェブサイトで、簡易的なセルフチェックをしてみることをおすすめします。

このウェブサイトの「睡眠障害セルフチェック」では、簡単な質問に答えるだけで睡眠障害があるのかどうかがわかります。さらに詳しく知りたい人は、ＩＤ登録をすれば詳細な診断も可能です。

いきなり睡眠外来や心療内科などに行って診察を受けると、すぐに薬を処方されてしまうのを心配する人は少なくありません。その前にこのようなセルフチェックをして、それでも「ちょっと心配だ」と感じたら専門の医療機関で診察してもらうという方法もあります。

睡眠の専門医師がいる医療機関を探すには、日本睡眠学会のホームページにある「睡眠医療認定一覧」を利用すれば、自宅や職場の近くの睡眠専門の医療機関を探すことができるので便利です。

朝型タイプか夜型タイプかを知る

最近は出社前に英会話教室に通ったり、資格取得の勉強をしたり、自分磨きに熱心な人が増えています。こうした朝活ブームとともに、ビジネス誌などで朝型人間に切り替える方法を紹介している記事を見かけることも少なくありません。

しかし、人には大きく朝型・中間型・夜型の3タイプがあり、さらに朝型・夜型にはそれぞれ超朝型・超夜型があります。

国立精神・神経医療研究センターが1170人に対して実施した調査では、超朝型5・9%、朝型22・0%、中間型41・0%、夜型22・7%、超夜型8・4%となっており、朝型タイプは3割弱にとどまっています。

朝型タイプの人は朝になると自然と目覚め、体温が上昇し活動の準備が整う人です。

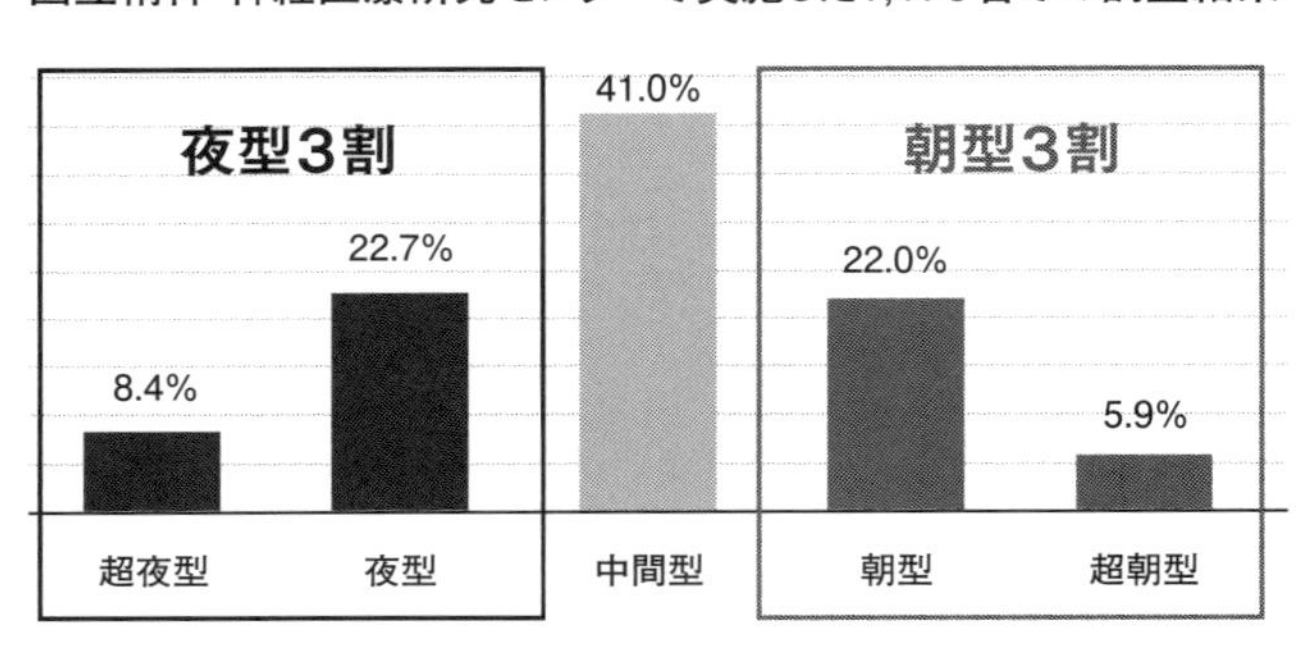

一方、夜型タイプの人は、体温が上昇するまで時間がかかるのが特徴です。朝型か夜型かは遺伝子的に決まっていると言われています。

7割の人は中間型、あるいは夜型、超夜型で、いくら朝活ブームだからと言って朝型タイプに切り替えようとすれば、当然どこかに無理を強いることになり、かえってその日の日中の活動に支障をきたしかねません。

自分が超朝型・朝型・中間型・夜型・超夜型のどのタイプなのかを知りたい人は、前述した「睡眠医療プラットフォーム」の「簡易睡眠診断」に「朝型／夜型診断」がありますので、セルフチェックをしてみるとよいでしょう。

要は、朝に活動したほうがよいか、夜に活動したほうがよいかではなく、自分が最もよいパフォーマンスを発揮できるのは一日のうちどの時間帯なのかを把握しておくことが重要です。

組織に属して働いている人は、中心となる業務時間が決まっているので、勝手に働く時間帯を変えることはできません。しかし、夜型タイプの人が朝活が流行っているからと言って、無理に早く起きて自分磨きをしてもパフォーマンスはよくないでしょうし、寝不足で本来の業務時間に支障をきたすようなことがあっては本末転倒です。自分磨きをするなら、自分のタイプに合った時間帯にしたほうがよいと思います。

睡眠阻害の根本原因にアプローチする

私のところに、人間関係などのストレスで不眠になったという人が相談に訪れることがあります。

「医師が処方した薬を飲んで眠れるようにはなったのだが、それでいいのだろうか。これからどうしたらいいだろう」

と言うのです。

そんな時、私は、

「不眠の原因と改善できることを一緒に考えましょう」

と答えます。

花粉症の私にとっては、2月下旬から4月上旬が嫌な季節です。毎年その時期は、睡眠状態が悪化します。以前、花粉症が発症している時に、アテネ不眠尺度でチェックしてみると「不眠症の疑いあり」の判定になりました。

しかしこの時の問題は不眠ではなく、睡眠を妨げている花粉症が問題なのです。ならば、私がやるべきことは花粉症対策です。実際、腸内環境を改善する、マスクをする、リビングや寝室に花粉対策を施すことで、睡眠を妨げない程度までには症状を抑えることができました。

このように、睡眠を妨げている根本原因が何かをはっきりさせ、その問題を解決していけば、自ずと睡眠問題は解決していきます。

睡眠を妨げているものは、生活習慣の問題なのか、夜間の頻尿なのか、喘息なのか、痛みやかゆみなのか。あるいは会社の人間関係、家庭の問題、それとも自分のキャリアについての悩みからくるストレスなのか。こういう身体的問題や精神的問題の解決に対処することなしに、睡眠問題は解決しません。睡眠導入剤や睡眠薬などを飲んで眠れるようになったとしても、根本的な問題が解決しない限り、ずっと薬の力を借りなければならないことになります。

一時的な解決、あるいは緊急避難的な措置として、薬の力を借りることを否定はしませんが、睡眠の阻害要因を把握し、改善することも実践してほしいと思います。

睡眠対策はメラトニン対策であり、セロトニン対策である

うつ病のメカニズムは、まだ完全に解明はされていませんが、一般的には脳内神経伝達物質であるセロトニンやノルアドレナリンなどの分泌が低下するために起きると言われています。

セロトニンは気持ちを落ち着かせるホルモンであり、ノルアドレナリンは意欲を高めるホルモンです。こうした脳内物質が、脳内の神経細胞と神経細胞の隙間に活発に分泌され

ていると、気持ちが落ち着き、やる気も出るということになります。

しかし、生活習慣の乱れや強いストレス状態が長く続くと、セロトニンやノルアドレナリンの分泌が低下してしまい、不安、抑うつが高まり意欲が低下し、いわゆるうつ病の症状を発生させてしまいます。

このセロトニンというホルモンは、夜になるとメラトニンという睡眠ホルモンに合成されます。つまり、日中にセロトニンが活発に分泌されていると、当然メラトニン分泌が促され、夜に眠りやすくなるというわけです。

不眠などの睡眠障害が続くと抑うつ状態になり、「セロトニンの分泌低下→メラトニンの分泌低下→睡眠障害→抑うつの悪化」という悪循環を生み出してしまいます。

抑うつ状態を避けるためには質のよい睡眠をとることが重要で、眠りの対策とは、睡眠ホルモンであるメラトニン対策であり、さらには日中の覚醒ホルモンであるセロトニン対策であると言えます。

日中にセロトニンの分泌を促すような生活を送っていれば、夜になるとしっかりメラトニンが分泌されて、眠りもよくなる。覚醒状態がよければ睡眠状態もよくなることをよく認識しておいてください。

7章

睡眠のメカニズムを知る

眠りに至る3つのメカニズム

人はどうして眠くなるのか……。その仕組みがわかっていれば、なぜ眠れないのかもわかるはずです。

睡眠科学では、眠りに至るには3つのメカニズムがあると言われています。

ひとつは、前述した恒常性維持機構（ホメオスタシス）で、疲れたら眠くなる、あるいは起きている時間が長いと眠くなる、ということです。

起きている時間が長ければ長いほど深い睡眠が現れやすくなり、疲れれば疲れるほど体力を回復するために睡眠の欲求は高まります。

つまり、睡眠問題とは覚醒問題であり、起きている時はできるだけ活動しなければいけない。そうすると恒常性維持機構によって、しっかり眠れるようになります。

2つ目は、体内時計の問題です。休みの日はほとんど家でごろごろしているので肉体的には疲れていないのに、夜になると眠くなる。それは体内時計があるからです。

体内時計はサーカディアン・リズム（概日性リズム）とも呼ばれ、約24時間周期で変動

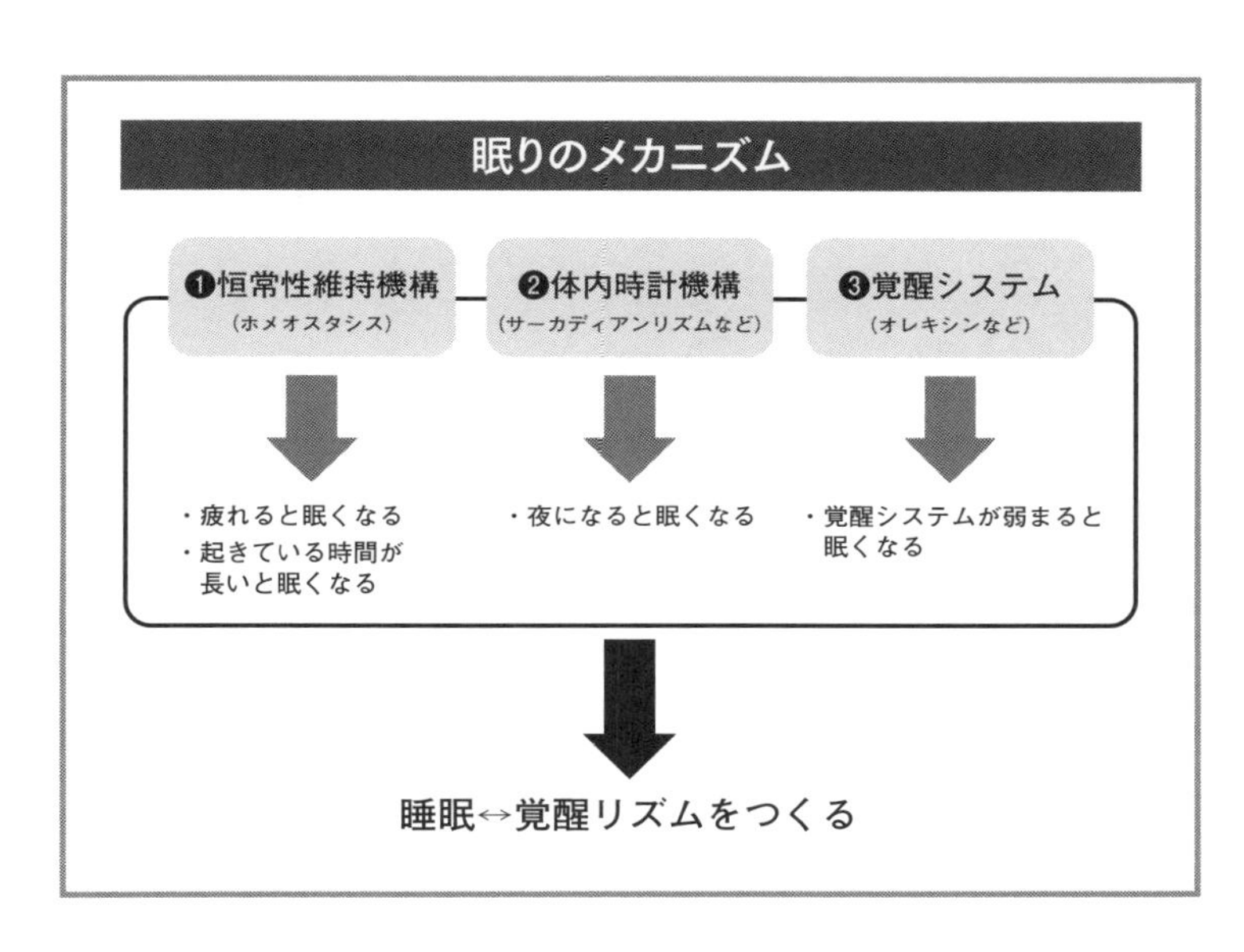

する生理現象のことで、ほとんどの生物に存在していると言われています。

もちろん人にも体内時計があるので、夜になれば眠くなる。ただし、体が疲れていなければ深い睡眠は多く出現しません。

3つ目は、覚醒システムです。私たち人間を含め多くの動物は、目覚めて思考や行動している覚醒状態と、眠って脳や体を休める睡眠状態をうまく使い分けています。日中は覚醒システムが優位ですが、夜になると睡眠システムが優位になります。

日中は覚醒システムが働いているので起きていられるわけですが、その覚醒システムの働きを促しているのは、オレキシンという脳内物質です。このオレキシンは自律神経のバランスが崩れると分泌されにくくなります。自律神経のバランスをとるには規則正しい生活習慣を続けることが重要。ということは、規則正しい生活をしていれば、覚醒システムの働きがよくなるというわけです。

以上のように、3つの睡眠メカニズムを機能させるには、規則正しい生活習慣を維持することがポイントなのです。

朝日を浴びて体内時計をリセットする――サーカディアン・リズム対策

少し体内時計について補足しておきます。

体内時計はその眠気が出るタイミングによって、サーカディアン・リズム、サーカセミディアン・リズム、ウルトラディアン・リズムの3つがあると言われています。

サーカディアン・リズムの「サーカ」と「ディアン」はともにラテン語で、サーカは「おおよそ」、ディアンは「1日」を意味しており、サーカディアン・リズムとは「おおよそ1日のリズム」を意味し、概日性リズムとも呼ばれます。

1日は24時間ですが、体内時計の1日は時計で測る1日より若干長く、24・2時間と言

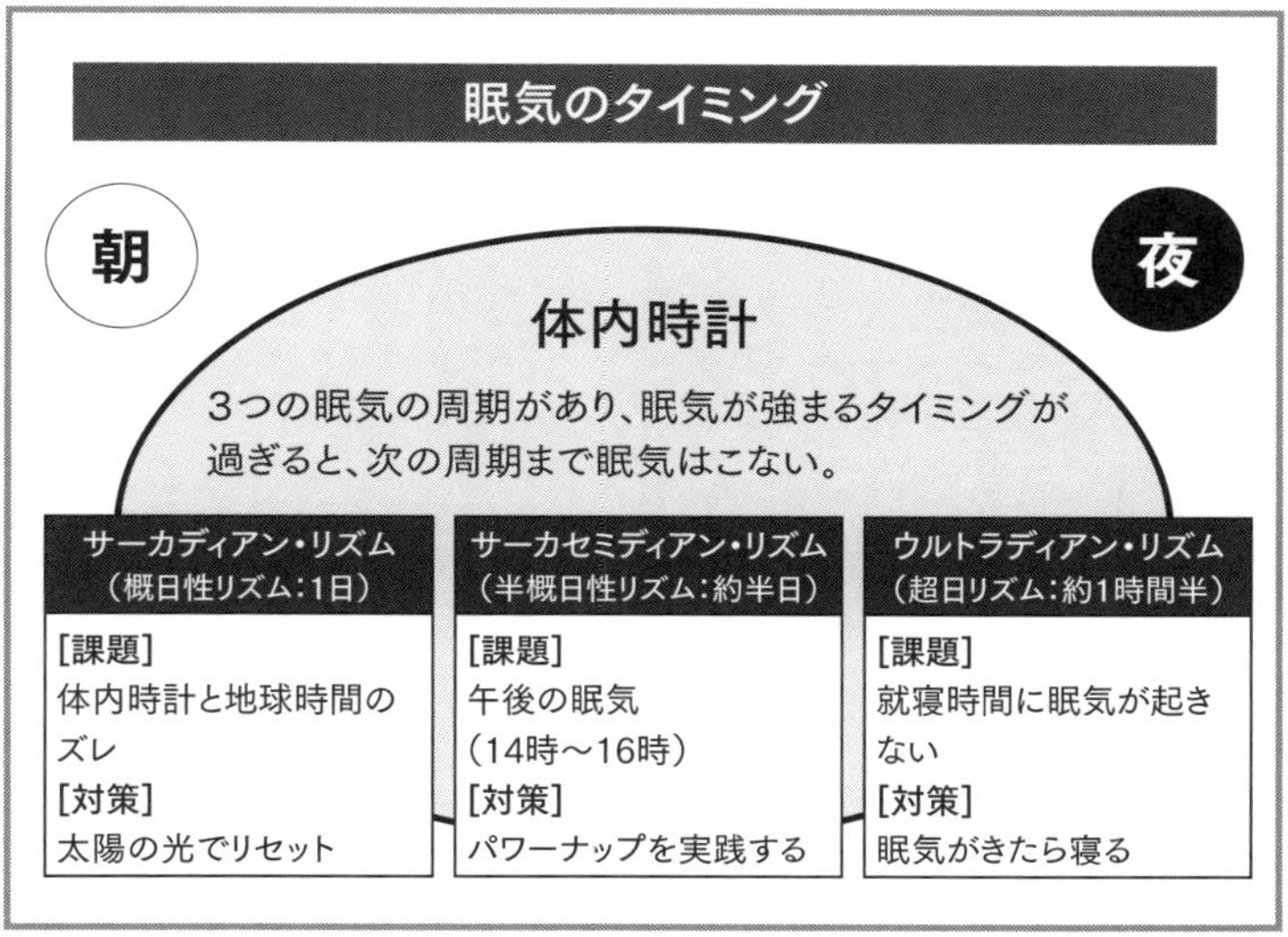

眠気のタイミング

朝

夜

体内時計

3つの眠気の周期があり、眠気が強まるタイミングが過ぎると、次の周期まで眠気はこない。

サーカディアン・リズム（概日性リズム：1日）	サーカセミディアン・リズム（半概日性リズム：約半日）	ウルトラディアン・リズム（超日リズム：約1時間半）
[課題] 体内時計と地球時間のズレ	[課題] 午後の眠気（14時〜16時）	[課題] 就寝時間に眠気が起きない
[対策] 太陽の光でリセット	[対策] パワーナップを実践する	[対策] 眠気がきたら寝る

われています。ということは、時計どおりに規則正しい生活をしていても、いわゆる眠くなる時刻は、自然と後ろにずれていくので、眠る時間を後ろにずらすことより、早めることのほうが難しいということになります。

また、体内時計の1日の長さには個人差があり、体内時計の1日が25時間という人もいます。

では、1日が25時間の人は、眠る時間が毎日1時間ずつ後ろにずれてしまうので困るかというと、実際にはそんなにずれることはありません。というのは、体内時計は太陽の光を浴びることによってリセットされるからです。

太陽の光を浴びることによって体内時計は地球の1日の時間に合わせられるようにできているのです（光同調）。

朝起きたら太陽の光を浴びる。起床後すぐでなくとも、午前中に太陽の光をちゃんと浴びることが大事と言われるのは、実はこのためなのです。

午後の睡魔を撃退するパワーナップ——サーカセミディアン・リズム対策

サーカセミディアン・リズムは半概日性リズムとも言われ、半日に1回のリズムで眠気の波がきます。眠気の波は午後2～4時と、午前2～4時の2回現れますが、なぜこの時間帯に眠気が現れるのかは解明されていません。

午前2～4時の眠気に気をつけるのは、タクシーやバスのドライバー、工場などで働く夜勤労働者です。眠気によって事故やミスが起きやすくなるので、注意が必要です。

日中働いている人は、午後2～4時の時間帯に生じる眠気に対処が必要です。特に睡眠時間が短い人、睡眠の質が悪い人のほうが眠気を感じやすいと言えます。

この時間帯の眠気は我満できるレベルなので、仕事に集中している、忙(せわ)しなく動いている、人と話をしている時などは眠気を感じません。

しかし、昼食を食べすぎるとインスリンの分泌によって覚醒物質であるオレキシンの分泌が低下し、強い眠気が出やすくなります。十分な睡眠と昼食を食べすぎないことで眠気に困らなくなります。

その他の対策としては、眠くなりそうな前に15～20分くらいの短い仮眠（昼寝）をとることをおすすめします。

これはパワーナップと呼ばれていますが、眠くなる前に睡眠物質を減らし、午後の眠気を戦略的に防ぐ方法です。パワーナップについては、「10章　睡眠改善アクション」で詳述します。

自己覚醒でスッキリ起床――コルチゾール（覚醒ホルモン）

毎日決まった時間になると、ぱっと目が覚める人がいます。このように、目覚まし時計の力を借りて起きるのではなく、自ら目覚めることを自己覚醒と言います。

いつも決まった時間に自己覚醒する人は、一定の時刻になると、コルチゾールというホルモンが分泌されます。コルチゾールは、血圧や体温を上昇させ、血糖値を上げて胃酸を分泌するなど、目覚めの準備をしてくれます。

目覚まし時計での起床は、深い眠りの最中に起こされるリスクがあり、その時に起こされると気分が悪く、脳に負荷をかけます。寒い朝に自動車にエンジンをかけ、アイドリングなしで急にアクセルを踏み込むような感じです。

自然に目が覚めれば、浅い眠りから目覚めることができます。目覚まし時計ではなく、コルチゾールを目覚ましにすれば、スッキリ起床ができて、日中の気分や体調もよくなるはずです。

自己覚醒の科学的なメカニズムは、詳しく解明されてはいませんが、毎日規則正しい生活をして、決まった時刻に起きるようにすると、体の中にそのリズムが刻まれるので、目覚まし時計なしでも同じ時刻に起きられるようになるでしょう。

眠りのチャンスを逃さない――ウルトラディアン・リズム対策

体内時計の3つ目として挙げたウルトラディアン・リズムは、約1時間半という短い周期のリズムです。

サーカディアン・リズムやサーカセミディアン・リズムに比べると反応が弱いため、脳の覚醒度が高い午前中や睡眠の状態がいい人は眠気を感じることはないでしょう。

眠気で困るのは車の運転中です。このウルトラディアン・リズムを知っている人は、無理に眠気を我慢しないで車を止めて休みます。仮眠できなくても、数10分もすれば眠気は弱まってきます。

しかし、1時間半という短いサイクルなので、すぐに次の眠気の波がきます。

そこで、眠気が起きる30分前にコーヒーなどでカフェインを摂取しておけば、眠気が起きる前にカフェインが脳に到達して睡眠物質の作用を抑制し、眠気が起きにくくなります。

このように1時間半のサイクルを知っていれば眠気の予防も対処も可能なのです。

就寝前も、このウルトラディアン・リズムを意識してください。例えば、就寝時間を決めている人でも、いつもの時間に眠気が起きない日があります。

そんな日は、次の眠気が起きるタイミングまでリラックスを維持して、無理に寝ようとしないほうがいいのです。逆に、いつも就寝する時間の30分前に眠気が起きた場合は、そのまま寝てしまうのです。

いつもの就寝時間に固執しないで、前後30分の間で眠気がきたタイミングで寝るようにしてください。

体内時計の仕組みを理解し、眠気のチャンスを逃さないことが、入眠や睡眠の質をプラスにするのです。

なぜ連続睡眠が重要なのか――レム睡眠とノンレム睡眠の役割

「レム睡眠」と「ノンレム睡眠」という言葉を聞いたことがあると思います。

レム睡眠中は脳が活動している覚醒状態にあり、閉じた瞼の下では眼球が急速に運動しています（急速眼球運動）。レム睡眠中には重要な記憶の固定、嫌な記憶の消去作業を行っています。また、レム睡眠には筋肉を休ませる働きもあります。ノンレム睡眠は脳を休ませるため「脳の眠り」とも言われています。

眠りにおちるとノンレム睡眠になり、次いでレム睡眠に移行します。人は睡眠中にレム睡眠とノンレム睡眠を繰り返しており、これを睡眠周期と呼んでいます。睡眠周期の1サイクルはおよそ90分で、前述したウルトラディアン・リズムです。

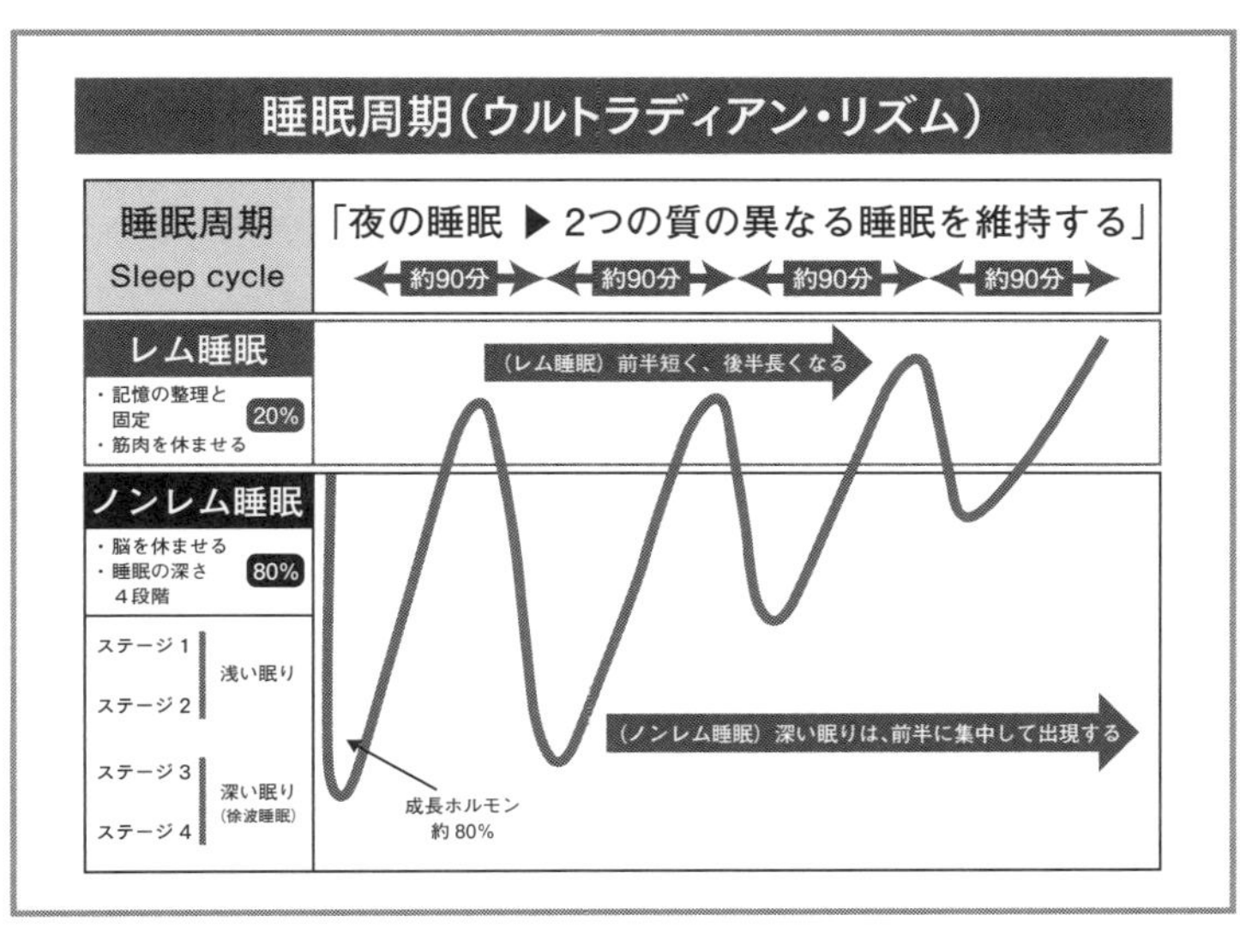

ノンレム睡眠は、その深さの程度によって4つのステージに分かれています。ステージ1はごくごく浅い眠り、ステージ2は浅い眠り、ステージ3とステージ4は深い眠り、この4段階です。レム睡眠とノンレム睡眠を合わせて、睡眠には全部で5段階があります。

ノンレム睡眠のステージ1は目を閉じていますが、ぼんやり寝ているようなイメージです。睡眠物質はほとんど減りません。ステージ2になるとやや眠りが深くなり、睡眠物質が減ります。

体を制御する機能が低下しますので、会議の時に目をつぶり頬杖をついていて、カクっとすることがあります。

ステージ3とステージ4はいわゆる深い眠りのことです。専門用語では徐波睡眠と呼ばれ、ぐっすり眠ったという熟睡感が得られるのは、このステージ3とステージ4の出現した割合が多い時です。

睡眠前半はレム睡眠が少なく、ノンレム睡眠が大半を占めますが、朝に近づくほどノンレム睡眠の割合が減って、レム睡眠が増えます。年齢によっても異なりますが、睡眠全体のおよそ20％がレム睡眠で、80％がノンレム睡眠と言われています。

なぜレム睡眠よりノンレム睡眠が多いかというと、脳を休ませることの優先順位が高いからだと考えられます。

睡眠時間を減らすことになると、ノンレム睡眠が優先的に出現し、レム睡眠が減ります。ノンレム睡眠とレム睡眠を繰り返す睡眠周期を維持するためには、一定時間の連続睡眠が必要なのです。睡眠時間は、単純な足し算で考えてはいけないということです。

勝負は最初の90分

睡眠中に細胞を修復したり成長させたりする、いわゆる成長ホルモンが分泌されます。

成長ホルモンが分泌されるのは、ノンレム睡眠のステージ3とステージ4の深い眠りの時です。

以前は、成長ホルモンが分泌されるのは、午後10時から午前2時に集中するので、そこが「お肌のゴールデンタイム」と言われていました。

しかし、『スタンフォード式 最高の睡眠』（サンマーク出版）の著者、西野精治先生によると、入眠後90分の間の睡眠中に成長ホルモンの約80％が分泌され、時間帯とは関係がなく、睡眠の質は最初の90分で決まると指摘しています。

寝苦しい夏の夜にエアコンもつけずに寝ると、寝つきが悪い上に、途中で起きてしまうことがあります。

最初の90分の質を高めるためにも、眠る環境を整えること、そして、同じ時間に就寝することが大切です。また、前述したウルトラディアン・リズムを意識して、自分で決めた就寝時間の前後30分で眠気の波がきたタイミングで寝ることもポイントです。

セロトニンの生成を促すには

人はメラトニンという睡眠ホルモンのほか、起きている時間が長いと眠くなる恒常性維持機構、夜になると眠くなる体内時計、覚醒システムの働きが弱まること、これらが相互に作用して眠りにつくことができると説明しました。

眠気を促すメラトニンは、日中に分泌されるセロトニンによって夜に合成されるので、前述したように、睡眠対策とはメラトニン対策でありセロトニン対策であると言えます。

セロトニンについてもう少し詳しく説明すると、セロトニンは9つある必須アミノ酸のひとつであるトリプトファンによって体内で生成されます。トリプトファンは人体では作ることはできないので、食事できちんと摂取しなければなりません。

トリプトファンが多く含まれている食材は、豆腐、納豆などの大豆製品、チーズ、牛乳、ヨーグルトなどの乳製品です。ほかにも、アーモンド、卵、バナナにも多く含まれています。

日中の活動やよい睡眠のためにも、トリプトファンを栄養吸収のよい朝食に摂取することを意識してください。

ただし、トリプトファンを大量に摂取したからといってセロトニンが多く生成されるわけではありません。セロトニンは腸の中で90%作られ、脳内で作られるのは数%に過ぎません。

脳内で効率的にセロトニンの生成を促すには糖質が必要です。甘いものを摂ると、血糖値が上がりインシュリンが分泌されます。インシュリンが分泌されると脳内でセロトニンが生成されやすくなります。糖質の代表格は炭水化物で、白米やうどん、そばなどの主食になるものに多く含まれています。

また、ビタミンB_6も脳内でセロトニン生成を促すと言われていています。ビタミンB_6はバナナ、ゴマ、のり、サケ、カツオ、マグロなどに多く含まれています。

ご飯に味噌汁、おかずにサケの切り身と納豆、のり……。この組合せは、脳内におけるセロトニンの生成を促す最強の組合せと言えます。まさに日本人の朝食です。

朝は時間がないという人は、トリプトファン、糖質、ビタミンB_6の3つが含まれているバナナを食べれば、効率的で効果的な栄養補給になるでしょう。

さらに、「太陽の光を浴びること」「リズム運動をすること」が脳内のセロトニン分泌を促すために重要であることを、セロトニン研究の第一人者である有田秀穂先生が指摘しています。

光を好むセロトニン、闇を好むメラトニン

覚醒ホルモンのセロトニンは、光によって力を獲得し、闇によって力を失います。一方、睡眠ホルモンのメラトニンは、闇によって力を獲得し、光によって力を失います。

就寝前のスマホは寝つきを悪くしますが、その理由のひとつは、スマホから出るブルーライトがメラトニンの分泌を抑制するからと考えられています。逆に、朝起きた時、まだ眠気を感じるのはメラトニンが脳に分泌されているからです。

起床後、太陽の光を浴びると、メラトニンの分泌が抑制され、覚醒ホルモンのセロトニンが分泌されます。太陽の光を浴びて5分ぐらいたってもすっきりしない時は、そもそも睡眠時間が足りないか、睡眠の質が悪いと思ってください。

現代の生活は、夜でも強い光が満ちています。コンビニエンスストアの照明はそのひとつです。光の影響を受けやすい子どもをコンビニエンスストアに連れていくと、覚醒して

眠れなくなってしまいます。子どもは大人以上に光の感受性が強いので気をつけてください。

スマホはブルーライトだけでなく、情報によって脳の覚醒を促します。

よい睡眠のためには、やはり夜は強い光を避け、情報もほどほどにし、自律神経の副交感神経が優位な状態を維持することが必要なのです。

規則正しい生活をし、栄養バランスを考え、光と上手に付き合えば、セロトニンとメラトニンの分泌は最適化します。

睡眠の問題とは、私たちのライフスタイルの問題でもあるのです。

■セロトニンとメラトニンの分泌を促す1日の流れ

・就寝1時間前はスマホの電源をオフにしてリラックスする。
（読書・リラクセーション・ストレッチ・足湯・アロマテラピー・家族との会話など）

⇩

・いつもの就寝時間の前後30分で眠気を感じたタイミングで寝る。

⇩

・いつもの時間に目覚める。起床後、カーテンを開けて、太陽の光を浴びる。

⇩

・シャワーを浴びてスッキリする。

⇩

・体内時計を整えるため、いつもの時間に朝食を食べる。ゆっくり噛みながら食べる。
（トリプトファンに加え、ビタミンB_6や糖質を摂取する）

⇩

・地下道などを通らずに、太陽の光を浴び、なるべく歩数を増やしながら出勤する。

⇩

・座りっぱなしにならないよう、日中の活動量を多くする。

仮にこのような流れで1日を過ごしている人は、睡眠に問題を抱えている人は少ないはずです。睡眠で困っている人は参考にしてください。

行動（ライフスタイル）を変えれば、結果（睡眠の質）は必然的に変わります。

Mさんからの睡眠相談

外資系企業に勤務するMさんから睡眠に関して相談されたことがありました。

Mさんは営業職、30代前半で独身でした。ひと月の残業が80時間を超え、総務部からカウンセラーとの面談をすすめられて、私を訪ねてきたのでした。

Mさんのストレスチェックの結果は「高ストレス」でしたが、産業医の面談は受けていません。最近、同年代の中途入社の同僚が大きな成果をあげて社内の話題になっており、上司からは「次は中途入社組に負けるなよ」と励まされ、後がない状況です。

Mさんは、

「仕事は忙しいほうだと思います。疲れはあるし、体調はよいとは言えませんが、学生時代は体育会系だったので、今でも体力には自信があります」

と言っていました。

私はまずMさんに睡眠の状態を聞きました。Mさんは、

「平日の睡眠時間は4時間前後、週末は8時間以上眠ることが多い。お酒を飲んでから寝

る日が多いですが、取引先との飲み会も多く、月に数回、終電で帰宅します。平日の睡眠時間は短めですけど、電車の中とか、いつでも眠れるから大丈夫ですよ」

とのことでした。

時間を有効に使いたいと思っているので、むだに眠るより「ショートスリーパーを目指したい」とも言っていました。

Mさんは、勝ち続けなければ会社に残れないと思い、中途入社の同僚の活躍、上司からの強い励ましもあって、焦っている様子が伝わってきました。

Mさんへのアドバイス――「勝ち負け以前、このままでは自滅です」

Mさんを取り巻く状況がわかってきましたので、私はMさんの頑張りを支持、共感しつつ、次のようにフィードバックしました。

- まず、Mさんは平日の睡眠負債を週末に返済している状況にある
- 平日の睡眠は4時間、週末は8時間ということは、社会的時差ぼけが起きている

・社会的時差ぼけが4時間あることが体調不良の原因になっている可能性がある
・飲酒は睡眠の質を下げる。特に寝酒はよくない。抑うつや不安症状も強める
・睡眠不足は自覚しにくい。いつでも眠れるのは睡眠に問題があるということ
・睡眠不足と高ストレス状態で、最高のパフォーマンスを発揮できる人はいない
・ショートスリーパーを目指すより、睡眠時間を確保する努力をしたほうが合理的

以上のように、私はMさんには偏った睡眠に関する認識を改めるように働きかけました。そして、次のように付け加えました。

「Mさんは、勝ち続けなければ会社に残れないと言いましたが、過剰適応の状態にあり、このままでは、勝ち負け以前に自滅してしまいます」

と伝え、さらにMさんの睡眠に対する意識を変えてもらうため、

「Mさん、これからはビジネスアスリートを目指しましょう」

と提案しました。

Mさんはこの言葉に強い反応を示しました。

アスリートは最高の状態で最高の結果を残すために、睡眠、栄養、体調に対しての意識

が高く、決して自分のパフォーマンスに悪影響を及ぼすことはしないものです。

ビジネスアスリートを目指すことになったMさんと話し合い、次のような具体的な行動目標を立てました。

・起床時間と就寝時間を決めて、平日と週末の社会的時差を2時間以内にする
・平日は最低5時間以上の睡眠を確保し、段階的に6時間以上にする
・飲み会での飲酒量は、何を飲んでも合計3杯までにする。寝酒はやめる
・水曜日は残業を1時間以内にして帰宅する
・週末、1時間のウォーキングをする
・午後11時にはスマホの電源をオフにして、ストレッチをする

Mさんはこれらの睡眠対策を実行し、半年で自分に合った睡眠習慣を実現しました。Mさんは以前よりも頭の回転がよくなり、意欲も上がり日中の眠気もほとんど出なくなったと喜んでいました。さらに「将来のことを考えて、残業を減らして、ビジネススクールに通いたいと思います」と、営業成績のことだけでなく、今後のキャリアのことも意識する

ようになったのです。

睡眠の専門家である神山潤先生は、著書の『朝起きられない人のねむり学』（新曜社）で、脳内のセロトニン濃度が高くなると、長期の報酬予測回路がより強く活動するが、脳内のセロトニン濃度が低い時には、長期的な展望を持つことが難しく、衝動的で短期的な結果のみに着目した選択をしがちになる、と指摘しています。

つまり、睡眠不足のビジネスパーソンは、セロトニン濃度も低い可能性が高く、目の前の短期的な成果ばかりを意識してしまうということです。

睡眠改善に成功したMさんは、息の長いビジネスアスリートを目指しています。

PART2
睡眠をマネジメントする
「よい眠り」へのアプローチ

ここからは、どうすれば自分にとってベストな睡眠を獲得することができるのかという最大の関心事にアプローチしていきます。

現代社会は、睡眠を阻害する要因があまりにも多く存在し、日々の睡眠を適切に管理しないと本来の自然な眠りを取り戻すことはできません。

そこで、私は、これまでの睡眠改善アクションに欠けていた「ストレス」「感情」「行動」の3つのマネジメントを睡眠マネジメントに取り入れました。

まずは、よい睡眠を妨げる最大の要因であるストレスに迫り、ストレスマネジメントから睡眠改善にアプローチしていきます。

8章　ストレスをマネジメントする

ストレスと不眠には深いかかわりがある

私は複数の企業で相談室のカウンセラーをしており、多くの相談者に対してカウンセリングをしてきました。相談場面で知りえたことは、悩みや不安、強いストレスを感じている人の多くは、睡眠の問題を抱えているということです。

２０１６年（平成28年）に厚生労働省が行った「労働安全衛生調査」を見ると、現在の仕事や職業生活で強いストレスを感じているかどうかを質問したところ、実に59・５％の人が「ある」と答えています。ちなみに２０１４年は52・３％、２０１５年は55・７％と、ここ数年は増加傾向にあり、常に半分以上の人が強いストレスを感じています。この数字から、いかに日本が高ストレス社会であるかがわかります。

そして、厚生労働省が行った２０１２年の「労働者健康状況調査」で、職場におけるストレス要因を質問したところ、「職場の人間関係の問題」と答えた人が41・３％、次いで「仕事の質の問題」が33・１％、「仕事の量の問題」が30・３％という結果でした。

現代社会の激しい変化は、労働者の過度な負担となり、ストレス社会と言われるように

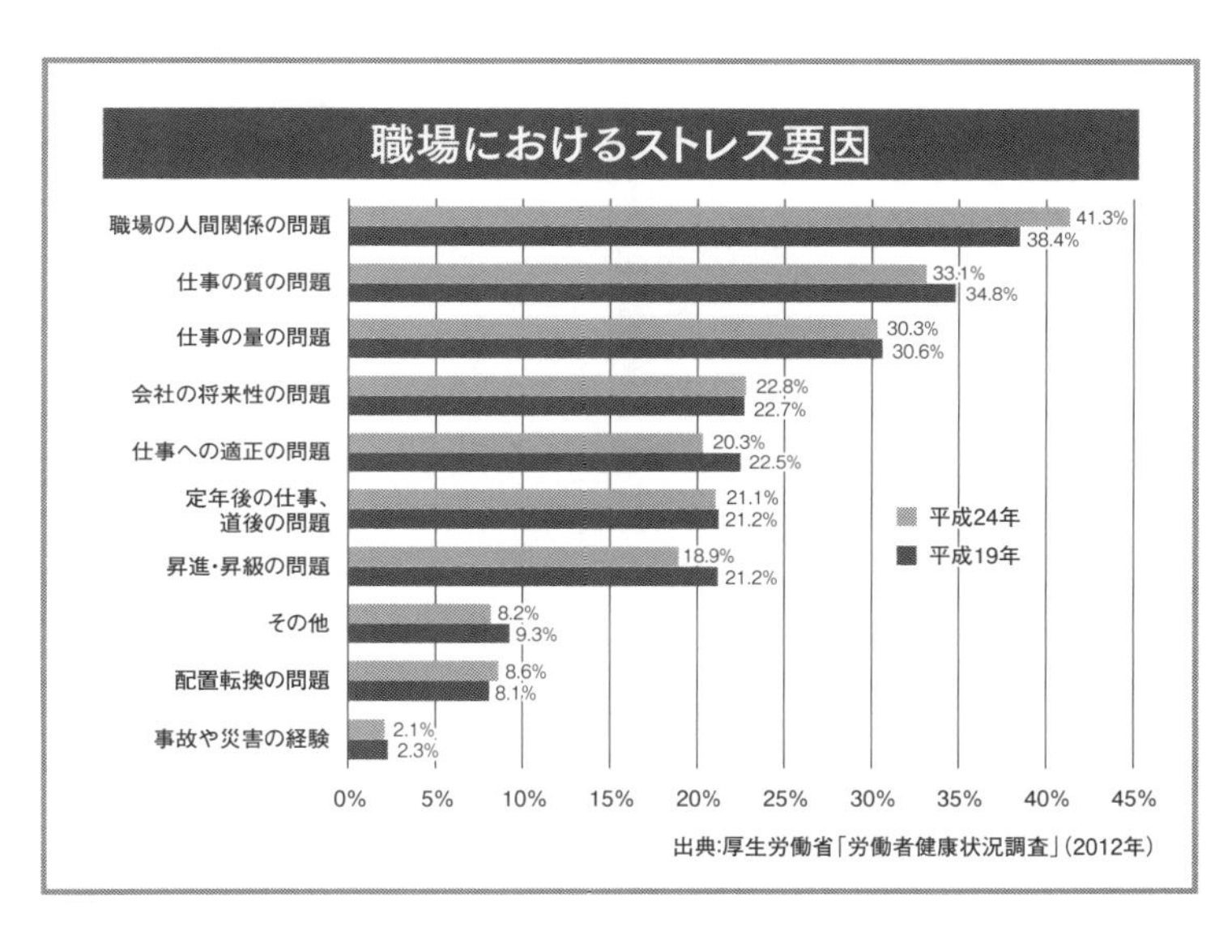

出典:厚生労働省「労働者健康状況調査」(2012年)

なりました。雇用環境、処遇面、人材モデル、働き方、働くことの意味など、あらゆるものが大きく変化する中、職場のストレスが人間関係であることの事実は変わっていません。

ストレスと人間関係には深いかかわりがあり、人間関係に問題があるとストレス要因になり、また、ストレスを抱えていると心に余裕がなくなり、自分と考え方や価値観の違う人との関係がうまくいかなくなります。

つまり、ストレスと人間関係のどちらか一方で問題が生じると、もう一方にも問題が起こります。人間関係の問題とストレスの問題が重なると、高ストレス状態となり、不眠の症状が出やすくなります。

このように、ストレスと不眠には深いかかわりがあるということです。

強いストレスを抱えていると不眠になりやすく、不眠はストレスになります。ストレスと睡眠の2つを適切に管理することが必要なのです。

そこで、以下、よい睡眠に欠かすことのできない「ストレスマネジメント」の実践方法を紹介したいと思います。

セルフモニタリングでストレスを意識する

ストレスに対処するには、目に見えない自分のストレス状態を可視化することが大切です。1年に1度のストレスチェックによってストレス状態を把握することはできますが、日頃から自分のストレス状態とその変化を意識しておくことが重要です。

それには、セルフモニタリングという手法が有効です。例えばストレスがいちばん高い状態を10点とし、ストレスがいちばん少ない状態を1点とします。1点から10点の範囲で、「今日のストレスは何点だろう」というように毎日同じ時間帯に点数をつけるのです。

このように目に見えないストレスを数字に置き換えることによって、昨日より今日の点数が高ければ、「残業をしないで早めに帰宅する」「温めの風呂にゆっくりつかる」「ストレッチをする」「リラクセーションをする」など、寝る前に1点でもストレスを下げる行動に意識が働き、セルフケアの実践につながります。

部下指導がストレスになっている上司でも、中堅と若手の区別なく誰に対しても同じ指導をしていないか、自分と部下の価値観の違いを考慮しているか、日常のコミュニケーションは十分かなどについて、「できている」「できていない」を点数化してみる。すると、自分の指導を客観的に分析することができます。

セルフモニタリングは、意欲を高め、行動を持続する効果もありますので、ストレスマネジメントに有効であり、「11章　睡眠のセルフチェックと行動のマネジメント」で紹介する行動のマネジメントにも有効です。

本書のプロローグで、「セルフチェック アンド アクション」の重要性を指摘しましたが、よいアクションを展開するには、その前提条件となるセルフチェックが重要なのです。

効率化優先のコミュニケーションの弊害

では、企業や国が実施している職場のストレス対策とは何かと言えば、前述した職場のストレス要因の3番目の「仕事の量の問題」の対策で、働き方改革がまさにそれです。

働き方改革では残業問題を改善しようとします。しかし、仕事の量が減らずに残業時間だけが規制された結果、それまでより少ない時間で仕事の質を保ちながら同じ量の仕事を片付けなければならず、かえって労働者の負荷を高めるという事態が起きています。

つまり、3番目の「仕事の量の問題」を解消しようとしたが、2番目の「仕事の質の問題」にストレスが置き換わり、質的過重性を高めているのです。

働く人たちのストレス状況を改善するなら、本来ならストレス要因の1位を維持している「職場の人間関係の問題」にアプローチすべきですが、会社や国が行っている職場の人間関係に関連する対策は、ハラスメントを防止するための社内教育や法的な規制などに偏っていて、「人間関係をよりよくしていく」という基本的な問題にはアプローチしていない状況です。

人間関係の軋轢は、上司と部下、指示する側とされる側、その関係の中で起こることが最も多いと思いますが、IT化が進み「報連相」や朝の挨拶さえもメールで済ます時代になり、対面交流が減ったので同僚同士の横の関係でも生まれやすくなっています。

対面交流の機会が減れば、お互いの人間性や個性を理解しにくくなります。人は、「知らない人」「理解できない人」にはネガティブな感情を抱きやすく、コミュニケーションの量を減らし、質の低下も招きます。

昔はいい意味でも悪い意味でも、飲みニケーションや企業内イベントなどがあり、社内外での長い付き合いをとおしてお互いを理解することができました。すぐに怒鳴る上司でも、「家族思い」「小動物が好き」といった肯定的な情報があると、その人に対する評価が変わったものです。

以前はウェットすぎた人間関係がストレスの要因でしたが、今はコミュニケーションまでもが効率化優先の時代になり、「ドライすぎる職場の人間関係」にストレスを感じる人が多くなっているのではないかと思います。

「よく眠れない」が気づきのサイン（体の反応）

人間関係、仕事の質と量、人事処遇など、職場だけでもさまざまなストレス要因があります。家庭でも、子どもの教育、老後の心配、近所との人間関係など、ストレス要因を挙げたらきりがありません。

人間は、ストレスの元になる外部からの刺激（ストレッサー）を受けた時、体、心、行動にストレス反応が出ることがあります。

どこにストレス反応が現れるかは人によってまちまちです。しかし概して言えることは、その人の弱いところや偏った部分に現れやすいということです。

自律神経の身体症状のひとつに「よく眠れない」があります。このような症状が出る人は自律神経のバランスが悪く、消化器の身体症状である「食欲不振」「下痢・便秘」という症状が出る人は消化器系の機能が弱いということになります、

ストレス反応が出るということは、疲れやストレスが蓄積しているサインです。

目に見えない生体のリスク状態をストレス反応が知らせてくれているのです。

ストレス反応は初期症状として身体症状に現れやすい特徴があります。人間は体から不調になり、体から回復していきます。

体のサインを見逃さず、体をいつも健全にしておくことが、心や行動を健全に保つことにつながります。

つまり、身体症状である「よく眠れない」というストレス反応を放置しないで、睡眠マネジメント、あるいはストレスマネジメントを早期に実践すれば、初期症状の反応を強め、また、心や行動のストレス反応を引き起こすリスクを下げることができるのです。

感情への対処もストレスマネジメント（心の反応）

ストレスによる心の反応に「不安な気持ち」があります。どれだけ不安を感じるかは、その人の脳の構造的な部分も影響していると言われ、特に日本人は不安を感じやすい脳の構造をしていると脳科学者は指摘しています。

「不安な気持ちになる」という人は自らの思考で不安を増幅させ、不安感に圧倒されてしまいます。「仕事に集中できない」という人は余計に集中できなくなり、「孤独だ」と感じる人は孤独感を深め、「気持ちがイライラする」という人はイライラという感情が怒りに変わり、周囲の人に当たり散らしてしまいます。

心のストレス反応は、自分だけでなく、周囲にもダメージを与えることがあります。

自分の感情を理解し、感情と上手に付き合うこともストレスマネジメントの一環です。詳しくは、次の「9章　感情をマネジメントする」で紹介します。

睡眠で依存にブレーキをかける（行動の反応）

行動に現れるストレス反応は、遅刻をしてしまう、約束の時間が守れないなど、社会生活を送る上でさまざまな問題を起こす可能性があります。他にも、暴飲暴食、酒量や喫煙の増加、最近よく言われる買い物依存症、ギャンブル依存症などの「依存」があります。

高ストレス状態になると、こういった望ましくない行動が制御できなくなります。食べるのが好きな人は食べる量が増え、お酒の好きな人は酒量が増え、買い物好きな人はたくさん買ってしまい、ゲームの好きな人は1日中ゲームをしてしまう……。依存症になると経済的な破綻や健康を害することは誰でもわかっています。

だからこそ私たちは、お酒は1日3杯まで、煙草は1日10本まで、買い物は1日5000円までというように理性で行動の量をコントロールしているのです。

しかし、自分で決めたはずの「お酒は1日3杯」といった約束を破ってしまうのは理性のブレーキが利かなくなっている証拠です。

特に睡眠状態が悪くなると脳の前頭前野が機能低下し、理性のブレーキが利かなくなります。

依存リスクを高めないためにも、寝不足やストレスの溜め過ぎには注意しましょう。

ストレス対策の基本は3つの生活習慣の充実

ここまで体、心、行動に現れるストレス反応を見てきました。では、ストレスにはどのように対応していけばいいのか。それは、3つの習慣を生活の中で実行することです。

具体的には、

・バランスのとれた食習慣

・適度に体を動かす運動習慣
・生活リズムの整った快眠習慣

この3つです。

この3つの生活習慣を実行すると、気分、感情、行動などにかかわる脳内物質であるベータエンドルフィン、ドーパミン、セロトニンなどの分泌が促されます。

ベータエンドルフィンは、「脳内モルヒネ」とも呼ばれるように苦痛を和らげる作用がある他、免疫力を上げ、幸福感、気持ちのよい状態を促します。

ドーパミンは、快感や多幸感の向上、意欲を作ったり感じたりするのを促し、運動調節に関連します。

そして、ドーパミンが分泌された後にはセロトニンが分泌されます。ドーパミンが過剰に分泌されると依存症のリスクを高めますが、セロトニンの分泌によって快楽系のドーパミンを制御してくれます。

過剰なストレスにさらされると、目覚めのホルモンであり、「ストレスホルモン」の異名をもつコルチゾールが大量に分泌され、脳の海馬を委縮させ、記憶力の低下を招くと言われています。しかし、3つの生活習慣を実行すると、前述した脳内物質の分泌によってストレスホルモンを減らすことができます。

強いストレスが続くとセロトニンの分泌低下を招く恐れがあるため、3つの生活習慣に加え、ストレスマネジメントが必要なのです。

3つの習慣の中で、最も重要なのは、「生活リズムの整った快眠習慣」ですが、快眠習慣を実現するためには、「バランスのとれた食習慣」と「適度に体を動かす運動習慣」も必要なのです。

私たちは子どものころから「規則正しい生活を」とよく言われてきましたが、社会が24時間化し、規則正しい生活習慣を保ち続けることが難しくなりました。また、24時間化した社会を支える勤務体系が、不規則な仕事に従事する人を増やしました。

しかし、眠りに適していない社会環境で生活していたとしても、私たちの生活習慣は、私たちの行動の結果であり、自分でコントロールできる領域の問題です。

一方、現実問題として、生活習慣に限らず、習慣を変えることは決して簡単なことではないでしょう。だからこそ、睡眠不足や不眠の人が多いのです。

ですが、あきらめないでほしいのです。

簡単ではないことをやり遂げた時、最高の結果が得られます。

本書で紹介している睡眠マネジメントを参考にして、生活習慣を変える意識を獲得し、「セルフチェック アンド アクション」で自分に合った快眠習慣を実現させましょう。

自律神経のバランスを整える

「よく眠れない」というストレス反応は、自律神経のバランスと深くかかわっています。

自律神経は脳の視床下部にあり、心臓、肺、胃、腸、肝臓、膀胱、唾液腺、内分泌腺、汗腺、瞳孔、血管など多くの内臓器官にかかわる重要な神経です。

自律神経には交感神経と副交感神経があり、アクセルとブレーキの役目を交代して担っています。

例えば、緊張すると自律神経が優位となり、心臓の心拍数が増えます。逆に、リラックスすると副交感神経が優位となり、胃や腸の働きを活発にします。

このように自律神経は、私たちの意思とは関係なく、活動時に優位な交感神経とリラックス時に優位な副交感神経がシーソーのようにバランスをとっています。

このバランスがとれている時は心身に問題は起きませんが、バランスが崩れた時に体のあちこちに不調が起こります。ストレスによって自律神経のバランスが崩れると、胃や腸などに不調が現れるのはそのためです。

一般的に朝から夕方までは活動に適した交感神経が優位になり、夕方から夜になると休息に向けて自然と副交感神経が優位になります。

しかし、本来なら休息に向けて副交感神経が優位になっていく夜になっても、ストレス状態が続いていると交感神経が優位の状態なままなので、眠りたくても眠れないということになるわけです。

自律神経は意思によってコントロールできないとはいえ、夜になったらできるだけ副交感神経が優位になるような生活をすべきなのですが、人間関係や仕事などの悩みや心配でストレスがあると交感神経優位な状態になってしまいます。

よい睡眠のためには、自律神経のバランスがとれた生活を送ることが重要です。

自律神経のバランスを保つ2つの心がけ

では、自律神経のバランスを崩さないためにはどうすればよいのか。それには、2つのことを心がけるべきだと思います。

ひとつは生活のリズムを乱さないこと。もうひとつは、精神的身体的を問わず、ストレスを持続させないことです。

生活のリズムを乱さないとは、朝起きて、日中に活動し、夜はきちんと寝るという、いわゆる規則正しい生活を心がけることです。

また、心や体にストレスを感じ続けていると自律神経を乱す原因となるので、ストレスを溜め込まないように日ごろから自分なりのリフレッシュを実践したり、ストレスの要因となっている問題を早期に解決することが重要です。

ストレスの種類とその影響

「ストレス」と聞くと嫌なことや辛いことを連想しますが、そもそもストレスとは外部から刺激を受けた時に生じる緊張状態のことを言うので、嬉しいこと喜ばしいこともストレスになる場合があります。

また、ノルマや締切りなどもストレスになりますが、人によってはそれが「やる気」に転化する場合もあれば、緊張や心配など、一般的に使われている意味でのストレスになってしまうこともあります。

本書で言うストレスは、人の心や体に悪い影響を及ぼすほうのストレスです。この場合のストレスをメカニズム的に見ると、気をつけるべき点が2つあります。ストレスの強度と持続性です。

ストレスの強度に注目すると、強度の低いストレスに「デイリーハッスル」があります。

これは、長い会議、上司や同僚の話し方、満員電車や長い通勤時間、近所の騒音、夫や妻の愚痴、片付いていない部屋……など、日常生活の中で起きているイライラするような出来事です。

これに対して強度の高いストレスに「ライフイベント」があります。結婚、離婚、配偶者の死、会社の倒産、リストラ、転職、異動、引越しなどがそれにあたります。

結婚は、一般的には喜ばしいこととされていますが、当事者にとってはそれまでとは異なる環境での生活が始まるわけで、マリッジブルーという言葉があるように、緊張、不安、心配などで抑うつ状態になってしまう人もいます。

私たちはストレスそのものの強度に注意するのと同時に、その持続性、つまり長く続く慢性的なストレスにも注意を払う必要があります。

と言うのは、デイリーハッスルと呼ばれる小さなストレスでも、数が多く、長く続けば、ストレスの総和は大きくなり、心身の不調を招く原因になるからです。

自分のデイリーハッスルを徹底的に洗い出し、例えば小さなストレスが50あったなら、解消できそうなものから解消して、ストレスの総和を小さくするのです。

特に強度の高いライフイベントは、一発で心身に不調を招く可能性があります。

強度と持続性の2つが重なるとストレスリスクは最大化し、不眠だけでなく、適応障害やうつ病のリスクを高めます。

最近は、上司からパワハラを受けて、部下が不眠になり、適応障害を発症したというケースが増えています。

実際、２０１７年度（平成29年度）の精神障害の労災について、請求件数も決定件数も支給決定件数もいずれも過去最多を更新しました。労災の請求件数１７３２件のうち、労災が支給決定された５０６件の内訳を見ると「嫌がらせ、いじめ、または暴行を受けた」というパワハラ行為が最も多く88件という結果でした。

ビジネスの世界だけではなく、スポーツの世界でもパワハラが問題視されていますが、実はこのパワハラこそ、強度と持続性が合併したストレスの典型です。

人は自分を否定されると強いストレスを感じますが、パワハラは人格否定そのものです。また、パワハラは多くの場合上司と部下の間で生じるので、上司はパワハラをしているという認識がなく、部下指導だと思っています。よって、その行為は単発ではなく、持続する傾向があります。

ストレス対処、2つのアプローチ

ある温度に設定された冷房のきいた部屋にいても、ちょうどいいと感じる人、寒いと感じる人、暑いと感じる人、その感じ方は人それぞれです。

それと同様に、同じストレッサーでも、ストレスと感じる人とそうでない人がいます。こうした違いが生まれるのは、人それぞれ受け止め方やストレス耐性が異なっているからです。

コップに水を注ぎ続ければ、やがてあふれるように、ストレッサー（ストレス）という刺激を受け続ければ、やがてストレス許容量（ストレス耐性）を超えます。

その人のストレス許容量を超えた時、ストレス反応が出るのです。

コップに注がれる水が、冷水でも熱湯でも、または、ミネラルウォーターでも水道水でも、水の種類に関係なく、注がれた水はコップを満たしていきます。

ストレスも同じように人間関係の悩み、業務負荷、温度、騒音、寝不足、空腹など、ストレスの種類に関係なく、ストレスを受け続ければ、ストレスの許容量を満たしていきます。このように水をストレス、コップの大きさをストレス耐性に置き換えるとわかりやすいのではないでしょうか。

では、コップ（ストレス耐性）に注ぐ水（ストレス）があふれないようにするための2つの方法を紹介します。

短期的アプローチとして、コップに注げる水の量は決まっているため、水を減らします。つまり、ストレス要因を減らします。

中長期的アプローチとして、コップに注げる水の量が決まっているなら、たくさんの水が入るようにコップを大きくします。つまり、ストレス耐性を高めます。

会社で人間関係とノルマのプレッシャーに耐えればどうにか生き延びられた時代とは異なり、社会のスピード化、老後の不安、パワハラも含めた人間関係の複雑化、リストラの不安など、ストレス要因は格段に増えました。

ストレス社会で健康を維持するには、ストレス対処力の向上が不可欠と言えるでしょう。

具体的な方法については、後述する「ストレス順位表でストレスを管理する」「ストレス対処パターンをチェックする」を参考にしてください。

考え事は覚醒を促し、安心感は睡眠を促す

「最近、眠れなくて困っています」と言って私を訪ねてくる相談者の多くは、寝る前に考え事をしています。「会議でCさんに自分の意見を否定された」「F課長から嫌みを言われた」「明日の交渉はうまくいくだろうか」など、考え事が嫌な出来事を想起し、扁桃体（感情中枢）を興奮させ、覚醒物質の分泌を促しています。つまり、今日の嫌な出来事や未来の不安が眠りを妨げているのです。

だからといって、「寝る前は考え事をしない」と決めても、余計に考えてしまい悪循環に陥ってしまいます。就寝前に、今日の嫌な出来事や未来の不安を感じていては、安心して眠ることができません。

そこで私は、就寝前の考え事を防ぐ方法として「本を読む」「日記を書く」ことをおすすめしています。本を読む、日記を書くなどの行為は前頭葉を刺激し、扁桃体の興奮を抑える作用があるからです。

ただし、小説のようにストーリー性のあるものは興奮しやすく、パソコンやタブレット

で文章を書くと、ブルーライトの影響を受けて交感神経を優位にするので注意が必要です。就寝前は、「部屋を暗くする」「食事をしない」「カフェイン、ニコチン、アルコールを摂取しない」「スマホを見ない」なども心がけてほしいと思います。

しかし、最も大切なことは心理的な安心感を得ることです。心理的な安心感を得る方法として、私は、寝る前に今日あった「よいこと」「感謝したいこと」などのポジティブ情報を思い出す、または、手帳に書くことをおすすめしています。

例えば、「ご近所のTさんが笑顔で挨拶してくれた」「最近、雨の日が続いていたが、今日は天気がよくて気持ちがよかった」「上司からほめられた」「プロジェクトが無事に終わった」「家族と楽しく食事ができた」など、今日のポジティブな出来事を振り返るのです。就寝前に、「よいこと」を振り返るのですから、翌朝目覚めた時にはよい記憶が多く残っており、自然と多幸感を味わうことになります。

ポジティブな出来事を振り返る習慣は、よい出来事に注意を向ける習慣とも言えます。すると、よい出来事への気づきの感度が上がり、「よいこと」「感謝したいこと」がどんどん増えるようになります。

また、腹式呼吸や筋弛緩法といったリラクセーションもおすすめです。緊張する交感神経の働きを弱め、リラックスする副交感神経が優位になり、気持ちを落ち着かせます。

よい睡眠のためには交感神経の働きを弱め、副交感神経を優位にする必要があります。

ストレス順位表でストレスを管理する

学校を卒業し就職すると、先輩社員から「仕事に優先順位をつけろ」と教えられます。重要かつ急ぎの仕事、重要だがまだ締切りまで時間がある仕事、難易度の高い仕事、難易度の低い仕事といった具合に、重要さと難易度、期限までの時間を勘案して、片付けていく順番を決めます。

まさに自分の仕事を管理（マネジメント）する上で最も基本的なことですが、この手法を知らないと、どれから手をつければよいのかわからず、たちまちパニックになってしまいます。

私は、ストレス管理にもこの手法を応用することをすすめています。自分を悩ませていることを1位から10位までランキングしてみるのです。これも本書の重点ポイントである

ストレス（私の悩み）順位表

	具体的内容	種別
1		□仕事　□私生活
2		□仕事　□私生活
3		□仕事　□私生活
4		□仕事　□私生活
5		□仕事　□私生活
6		□仕事　□私生活
7		□仕事　□私生活
8		□仕事　□私生活
9		□仕事　□私生活
10		□仕事　□私生活

「セルフチェック アンド アクション」の展開のひとつです。

この時、単に「仕事」とか「人間関係」とか書くのではなく、できるだけストレスの内容を具体的に書き込むことがポイントです。ストレスの様相を具体的につかむことができるからです。「悩み」「つらさ」といった抽象度の高い問題を分解すれば、対処できる問題と対処できない問題が明確になります。

そして、その内容は仕事上のことなのか、プライベートなことなのかもわかるように、「✓欄」も作っておきます。例えば、私生活のことでストレスを多く抱えていることが判明したら、「仕事中心で家庭のことを後回しにしていたかもしれない」というように、仕事と私生活のバランスや偏りに気づくことができます。

問題解決能力を高めれば不眠も解決する

ストレス順位表で自分を悩ませている事柄を明確にする方法を紹介しました。

では、どこから解決していけばよいのでしょうか。本章の「ストレスの種類とその影響」で紹介したことを思い出してください。

そうです。小さいストレスから解消していくのです。

なぜなら、下位の問題は解決しやすいからです。解決しやすいからこそ下位にあるのです。まず、小さなストレスを積極的に減らしていくことが大切です。

そして、最も気になっている1位に書いた「悩み」について考えてみましょう。

「皆さんは、自分の一番の悩みをどのように解決しますか？」

この質問に即答できる人は少ないと思います。

なぜなら、一番にした問題は、「解決の方法がわからない」「解決できないと認識している」からこそ一番なのです。

私たちは、すぐに解決できる問題で深く悩むことはありません。責任感の強い人は、何でも自分で解決しようとします。これは一見素晴らしいことのように思いますが、問題を抱え込んでしまうだけで、何もかも中途半端になり、結局どれひとつ解決できないという結果を招いてしまいます。では、どうすればよいのでしょうか。

それは、

他者のサポートを受けて問題に対処する。

それしかありません。

自分で問題を解決できないのは、解決の方法がわからない、または、解決するスキルが十分ではないからです。そもそも悩んでいる状態とは、問題を解決する能力が低下している状態です。思考狭窄（きょうさく）になり、課題を解決するための選択肢も少ないことが多いのです。

他者は客観的にあなたの問題を分析し、選択肢もあり、あなたにはない解決に役立つスキルを持っています。問題を解決できなかったとしても問題を小さくすることができま

す。すると、それは一番の悩みではなくなります。つまり、

あなたの悩める問題は、あなた以外の人が解決できる問題です。

あなたの周りには、あなたを助けてくれる人がいます。勇気を出して、「助けてほしい」「実は、困っていることがあります」と誰かに打ち明けてください。その瞬間、あなたの問題解決能力は飛躍的に上がります。つまり、

問題解決能力の高い人とは、自力で解決することに執着しない人です。

例えば、1位に、「上司のパワハラ」と書いたとします。それは自力で解決するのは難しい問題です。その上司とは一緒に仕事をしていかなければならず、これ以上関係を悪くしたくはない。相手は自分よりパワーがあるので、「やめてほしい」とも言いにくい。

パワハラという問題が自分で解決できないのではなく、パワハラが一番の悩みになっている人には解決が難しいということです。

ですから、パワハラが一番の悩みになっている人は、辞めるか異動願いを出す、訴えるか我慢するか程度の選択肢しかないことが多く、どちらも選択できない葛藤を抱え、苦悩し、不眠になってしまうのです。

私は、そういった自力解決困難な人の力になるためにパワハラ防止の支援もしています。パワハラ問題で不眠になった人には、一般的な睡眠改善のアプローチではなく、パワハラ問題を解決するアプローチが必要なのです。

周囲の支援を受けることをソーシャルサポートと言います。身近な人だけでなく、専門的な問題は、専門家のサポートを受けることが大切です。体の不調は医師、介護は介護支援専門員、法律問題は弁護士、心の悩みはカウンセラーなど、あなたの困っている問題に対して、専門家のサポートを積極的に受けることをおすすめします。

これまで私のカウンセリングで「問題が解決して眠れるようになりました」という相談者の多くは、周囲の人や専門家のサポートを受けた人たちです。問題は大きくなる前に対処したほうが解決しやすいことは言うまでもありません。

ストレスというのは悪者扱いされることが多いですが、私たちが「よりよく生きる」ためになくてはならないものです。ストレスをなくすのではなく、「ストレスと上手に付き合うこと」が大切です。それが、ストレスマネジメントなのです。

ストレスと病気の関係

心理学ではストレスのもとになる刺激をストレッサーと呼んでいます。人が刺激を受けると、心と体と行動にストレス反応が現れます。一般的には、このストレッサーとストレス反応を合わせて「ストレス」と言います。図に示した「人間関係」「多忙」「責任が重い」「暑い、寒い」だけでなく、「うるさい」など、何でもストレッサーになります。

しかし、ストレス反応は人を介して起こる反応なので、同じ仕事をしていても、あるいは家族が同じ環境で生活していても、個々によってストレス反応は異なります。

そのストレス反応のレベルを決定づけるのは、ひとつは個人要因です。例えば年齢、性別、経験、性格傾向、生活習慣などで、この個人要因がストレスの影響を受けやすいかどうかを決定づけます。

ストレス反応のレベルを決定づけるもうひとつの要因に、緩衝要因があります。これはストレスを減らす要因です。

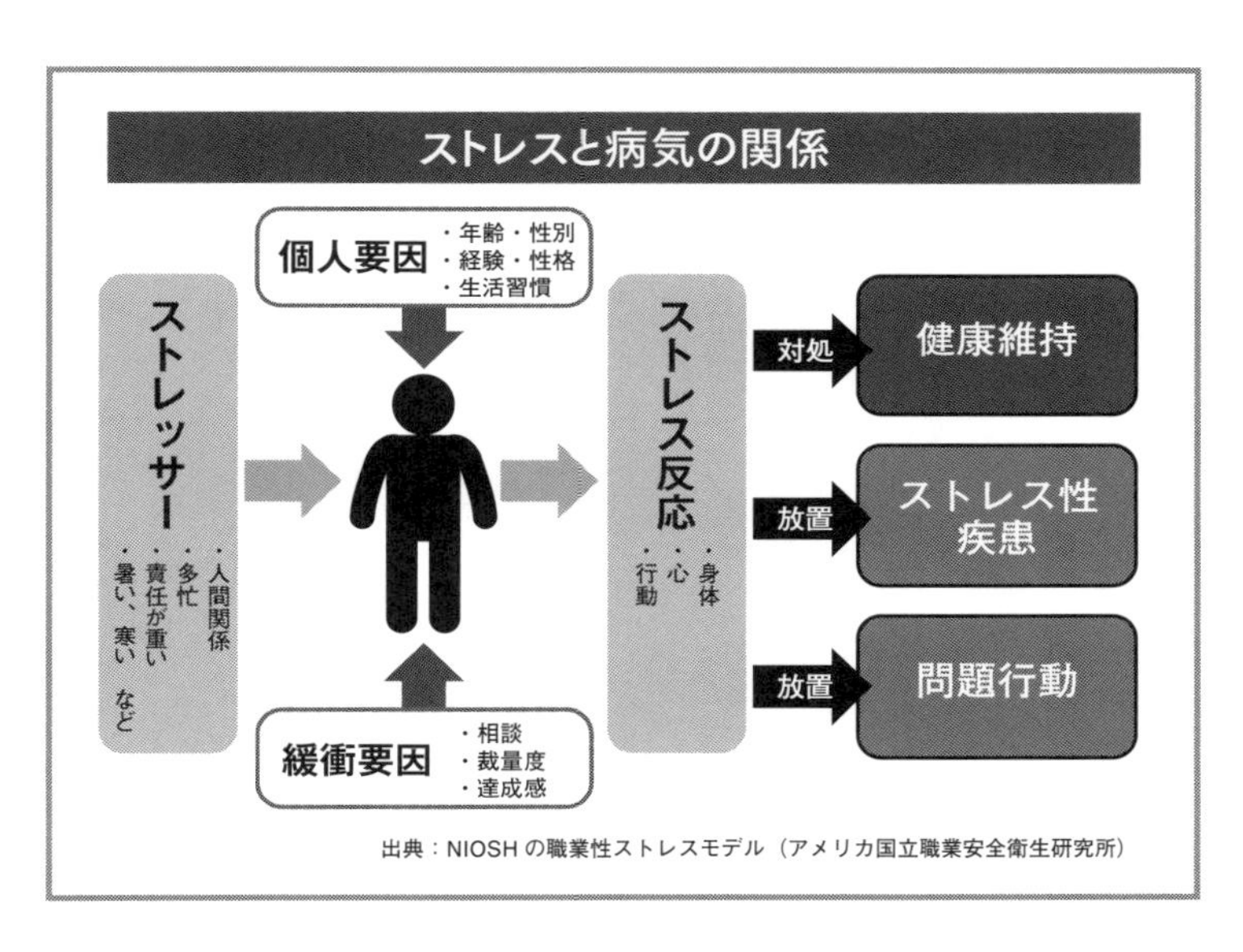

相談に乗ってくれる人がいるとか、自分のペースで仕事ができるという裁量度、あるいは仕事や家庭の中で自分がやっていることに対して達成感を感じることができるなどです。

このストレスを減らす緩衝要因を多く持っているほど、ストレス反応は出にくくなります。

現代は、職場環境や通勤環境など、個人要因にストレスの影響を受けやすい要因が多くあります。ストレスの緩衝要因のほうでは、忙しくて相談する暇がない、自分のペースで仕事ができない、分業化が進みなかなか達成感を味わえないことがあるので、ストレス反応が出やすい環境の中で生活する人が多いのではないかと思います。

眠れないというストレス反応が出た時、眠れるようになる行動を起こし、元の状態に戻す。このようにストレスに気づき、対処することをセルフケアと言います。

例えば、眠れない日が続いても、「大したことはない」「いつものこと」などと、その状態を放置していると、ストレス性疾患や問題行動につながりかねません。

その意味でも、ストレス反応に対して初期段階で対処行動をとっていくことが健康維持の秘訣なのです。

ストレス対処パターンをチェックする

ストレッサーに対して、緩衝要因を多く準備しておくことは、ストレス反応を抑制する上で極めて有効です。また、ストレスを受けた時の自分の行動パターンを知っておくこともストレス対策として重要です。

次ページの表はストレスチェックサービス「Ｓｅｌｆ」を提供するウェルリンク株式会社が作成したストレス対処パターンの自己チェック表です。私もストレスマネジメント研

ストレス対処パターンをチェックしよう！

	質問文 仕事でのストレス状況を思い出して、その時の行動についてチェックしてください。	あてはまる	ややあてはまる	あまりあてはまらない	あてはまらない	得点 ① ② ▯		
1	解決のためにできることをじっくり考えた。							A
2	慎重に対策を考えて、計画的に実行した。							
3	何が何でも、やり抜く以外にないと思った。					▯		B
4	逃げ出さずに、課題と対決していった。							
5	好きなこと、楽しいこと、趣味等で気分転換をした。					▯		C
6	買い物や食事、酒やタバコなどで、気分を変えた。					▯		
7	自分にとっての課題であり、成長するチャンスとなった。							D
8	どんなつらい体験からも、学べることはあると考えた。					▯		
9	友人や知人、家族など、親しい人に相談した。							E
10	専門家や信頼できる人からアドバイスをもらった。							
11	大きな問題ではない、または自分とは関係ないと考えた。					▯		F
12	知らないふりをした、または考えないようにした。					▯		

記入方法

	質問文 仕事でのストレス状況を思い出して、その時の行動についてチェックしてください。	あてはまる 3	ややあてはまる 2	あまりあてはまらない 1	あてはまらない 0	得点 ① 14 ② ▯ 5		
1	解決のためにできることをじっくり考えた。	○				3	5	A
2	慎重に対策を考えて、計画的に実行した。		○			2		
3	何が何でも、やり抜く以外にないと思った。					▯1	4	B
4	逃げ出さずに、課題と対決していった。	○				3		
5	好きなこと、楽しいこと、趣味等で気分転換をした。			○		▯1	1	C
6	買い物や食事、酒やタバコなどで、気分を変えた。				○	▯0		
7	自分にとっての課題であり、成長するチャンスとなった。	○				3	5	D
8	どんなつらい体験からも、学べることはあると考えた。		○			▯2		
9	友人や知人、家族など、親しい人に相談した。		○			2	3	E
10	専門家や信頼できる人からアドバイスをもらった。			○		1		
11	大きな問題ではない、または自分とは関係ないと考えた。			○		▯1	1	F
12	知らないふりをした、または考えないようにした。				○	▯0		

あなたのストレス対処パターン(判定)

タイプ分類		メリット	デメリット
A	フクロウ 計画	対処法としてはたいへん合理的で効果があります。	必ずしも合理的に解決できないことも発生します。
B	イノシシ 対決	困難なことも乗り越える力強さがあります。	無理をし過ぎて体調を崩すことも起こります。
C	ネコ 気晴	短期的にはたいへん効果があります。	直接の問題解決には結びつきません。
D	シロクマ 肯定	ストレスに対して積極的に対処できます。	無理をし過ぎないように注意する必要があります。
E	ヒツジ 相談	気分が落ち着いて、具体的な対処にもなります。	たより過ぎると、依存してしまうようになります。
F	ウサギ 逃避	短期的に気分を落ち着ける効果があります。	逃げ続けても解決せず、かえって深刻になることがあります。

修で使わせていただくことがあります。

「記入方法」に示したように、12の質問項目の当てはまるところに「○」をつけます。質問項目の「あてはまる」から「あてはまらない」までを、それぞれ3~0まで点数化し、A~Fまで2項目ごとに合計します。

実は、このA~Fは、対処パターンをイメージしやすいように動物で表しています(上の表)。Aの点数が高ければ「フクロウ」型で計画性がある。Bならば「イノシシ」型で、ストレス課題を乗り越える対決型という具合です。

さらに、グレーの四角が入ってない6か所の点数を足したものを①に記入し、グレーの四角が入っている6か所の点数を足したものを②に記入します。①は「問題対処型」であり、②は「情動対処型」となり、この点数の高いほうが自分のストレス対処パターンで、自分が問題に対処するタイプなのか、自分の気持ちに対処するタイプなのかがわかります。

多彩なストレス対処パターンを準備しておく

問題対処型か情動対処型か、自分がストレスに対してどのように対処する傾向があるかがわかったと思います。この2つをさらに細かく見ると、自分がフクロウ型かイノシシ型かなどがわかります。

動物になぞらえたそれぞれの対処パターンには、どれもがストレスという課題に対して有効な対処パターンですが、すべての課題に対して有効というわけではありません。仮に自分のストレス対処パターンがネコ型だったとして、気晴らしだけですべてのストレス課題に対応することはできないということです。

多彩で複雑なストレス要因に対処するには、多彩で効果的なストレス対処パターンが必要です。複数のストレス対処パターンを持っていれば、ストレスの要因にマッチした対処パターンを選択することができます。また、いくつかのストレス要因がある場合、あるいは非常に強いストレスを受けている時は、ひとつのパターンで対処するより、複数の対処パターンを組み合わせたほうがより効果的です。

ストレスを回避できない人の多くは、ストレス対処行動が一本調子です。言い換えれば、ひとつのパターンしか持っておらず、いつもそればかり使っているということです。そのパターンが、そもそも今受けているストレスの要因に合っていない場合、何も改善できず、ストレス性疾患や問題行動にもつながっていく可能性を残してしまいます。

ぜひ、多彩なストレス対処パターンを準備しておいてほしいと思います。

ストレス状況によって対処法を変える

動物で表したストレス対処タイプのうち、フクロウ、イノシシ、シロクマになった人は問題対処型（①の合計点が高い人）、ネコ、ヒツジ、ウサギになった人は情動対処型（②の合計点が高い人）に分けられます。

問題対処型というのは、ストレスという課題を解決していくために、具体的な行動をとる対処法のことです。ストレス課題を解決することはできるかもしれませんが、気持ちが楽になるとは限りません。

情動対処型は、気分転換などストレスから生じるつらい気持ちを楽にすることを中心とした対処法です。気分を軽くすることはできるかもしれませんが、問題そのものを解決していません。

問題だけ解決できればいい、気持ちだけ楽になればいいというのではなく、その両方にアプローチし、ストレス課題を積み残さないようにすることが大切なのです。片方だけの対処では、解決していないほうの問題が刺激となって、ストレス反応が持続する可能性が残されてしまいます。

同じ問題対処型でも、例えばフクロウタイプの人が計画的にストレスに対処しても、計画どおりにいかなかった場合にどうするか。イノシシタイプの人がストレスから逃げ出さずチャレンジしても、乗り越えられなかったらどうするかということも考えておく必要があります。

天気予報で雨が降りそうなら、傘を持って出かけます。しかし、急に雨が降ってきたら、タクシーに乗るか家族に迎えに来てほしいとお願いする。強風を伴う時なら、傘ではなくては合羽のほうが濡れずに済みます。カフェで雨が止むのを待つのもよいでしょう。天気の状況によって対処が変わってくるのと同じように、ストレス要因に対する対処パターンを多くもっている人ほど、さまざまなストレス課題とその状況に対応できるのです。

それでは、困った時にはヒツジタイプになって誰かに相談することにしよう。そう決めても、いざストレス課題に直面すると、相談できない人は少なくありません。なぜなら、人は困った時ほど口が重くなり、かえって相談のハードルが上がるからです。

普段から相談しているからこそ相談ができるのであって、ストレス状態が高い時に、いつもと違うタイプになるのは案外難しいものです。気分転換しようと思っても、気分転換の方法を知らないので無意識にいつもの対処パターンになってしまうというのと同様です。

ストレス課題に直面してから行動するより、ゆとりがある時に、普段使っていないタイプをいろいろ試して、自分の対処パターンとして獲得しておくことが大切です。

ストレス反応発生のプロセスを知っておく

刺激（ストレッサー）があり、それを人間が評価（認知）し、その評価によって反応（ストレス反応）が生まれる。これが、ストレス反応が生まれるプロセスです。

問題対処型でのストレス対処法は、ストレス反応の発生プロセスの中のストレッサーと認知にアプローチした対処法です。一方の情動対処型はストレス反応の感情にアプローチした対処法と言えます。

刺激があって、評価があって、反応が出てくるというストレス反応の発生プロセスがあるなら、この3つすべてを押さえる「ストレス対処3点法」を実践できれば、ストレス対処パターンとしては、かなりの効果が期待できると思います。

ストレッサーに対しては計画的に対処するが、時に対決してみる。認知は自分の偏った思考をバランスのとれた思考に変える（9章の「認知再構成法で、自分の感情を受け止める」を参照）。ストレス反応の感情に対しては気分転換をするが、相談もし、最終的には

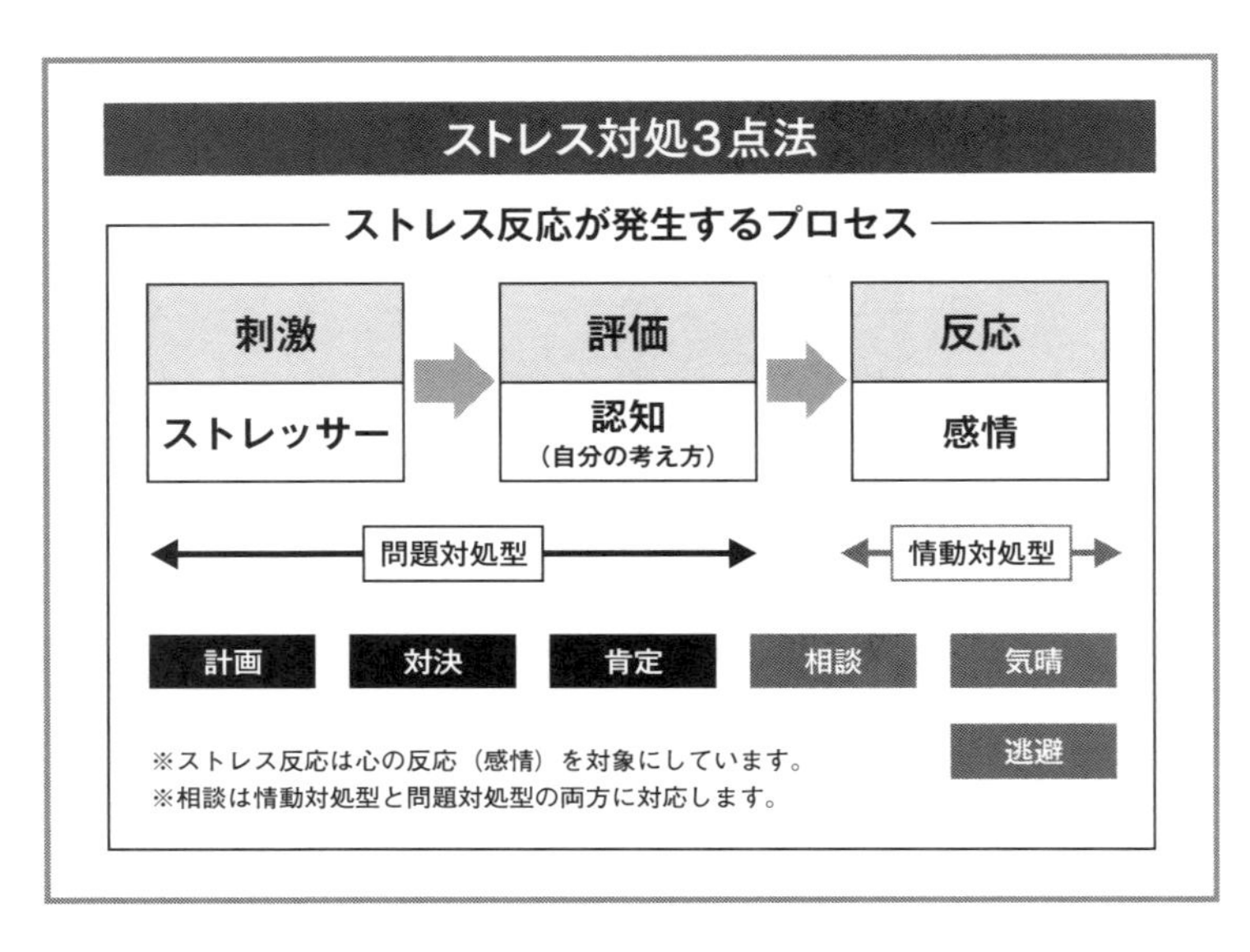

逃避も視野に入れる……。このように、ストレッサーを弱めると同時に、認知からもアプローチし、ストレス反応にも対処すれば、ストレス反応発生のプロセス全体を押さえることができます。

ストレスをマネジメントするには、このストレス発生のプロセスを理解していることが重要です。プロセスを理解していれば、頭の中が整理されている分、実際に自分が受けているストレスに対して、どの部分をどのように攻めていけばよいのか、よりよい対処法を選択しやすくなるのです。

３Ｋでストレスが消える

ストレスマネジメントの最後に、ストレス要因第1位の人間関係を良好に保ち、ストレスホルモンを抑え、快眠効果もある、最強とも言えるストレス対策を紹介します。

それは、「感謝する」「期待する」「共感する」の3つのKを実践することです。

米国でストレスを研究した高橋徳先生の著書『オキシトシン健康法』（アスコム）によると、何かに感謝すると、脳内に「幸せホルモン」「愛情ホルモン」と呼ばれるオキシトシンが分泌され、その後、意欲を高めるドーパミン、幸せな気分になるセロトニンも分泌される。オキシトシンにはストレスホルモンの分泌を抑える効果があり、副交感神経の働きを高め、またベータエンドルフィンという脳内物質の分泌を促す効果もあると指摘しています。

ランナーズハイは、このベータエンドルフィンが分泌されている状態と言われているように、ベータエンドルフィンには気分をよくする働きがあり、免疫力を高めます。

何かに期待する、共感することでもドーパミンやセロトニンが分泌されると指摘する専門家もいます。セロトニンは、睡眠ホルモンであるメラトニンの合成を促すので快眠効果も期待できます。

つまり、感謝、期待、共感の3つのKは脳に快楽系ホルモンを分泌させ、自律神経を整え、ストレスに強くなり、幸せな気分にさせてくれるのです。

また、こうした感謝、期待、共感を日頃から周囲の人に行うことで、相手の反応もよくなります。人間関係が良好になり、それ自体がストレスを減らします。つまり、人間関係がストレス要因から緩衝要因に変わるのです。

本章の「ストレス対策の基本は3つの生活習慣の充実」の中で、3つの生活習慣を充実させると、ベータエンドルフィン、ドーパミン、セロトニンといった快楽系ホルモンの分泌が促進されると述べました。それに加え、感謝、期待、共感の3Kを加えれば、ストレスホルモンを強力に抑えてくれるでしょう。

9章

感情をマネジメントする

なぜ感情のコントロールが必要なのか

睡眠科学の研究によって、睡眠のメカニズムはかなり明らかになってきました。それは多くのエビデンスを紹介しつつ、よい睡眠を得るための方法について書かれた書籍が多数刊行されていることでも明らかです。

しかし、睡眠に悩む人はいっこうに減りません。なぜかと言えば、そういう書籍ではよい睡眠を獲得する方法を論理的に説明はしているけれども、それを実践する際にかかわってくる感情について説明していないからです。理屈は難しくはありません。感情を理解し、感情と上手に付き合うことが難しいのです。

これはパワーハラスメントでも同じことが言えます。パワハラが生じた時の対策が議論の中心で、パワハラ行動を起こしてしまう背景にある感情の問題にはあまり言及されていません。パワハラ問題の本質は感情問題です。しかし、パワハラかどうかの判断基準に焦点をあて、当事者の感情問題に対処しないため、事態が複雑かつ深刻になるのです。

感情と行動は密接に結びついています。したがって、行動をコントロールするには感情のコントロールが必要なのです。

セルフチェックで、自分の感情を可視化する

目に見えないものをコントロールするのは困難なことです。逆に、目で見えるものはコントロールしやすいものです。

言うまでもなく、感情は目で見ることができません。しかし、感情を見える化すれば、コントロールすることができます。

こう言うと、「目で見ることができない感情を可視化することなどできるのか」という声が聞こえてきそうです。しかし、自分の感情をセルフチェックすることで、見える化は可能になります。

では、どのように自分の感情をセルフチェックすればよいのでしょうか。

それには、まず次ページの「感情のセルフチェック①」を行います。

「感情のセルフチェック①」では、自分に時々出てくる感情に「✓」を入れます。次に

感情のセルフチェック①

次の❶～❸を実施してください。

❶下記の中から、自分に時々出てくる感情にレ印(☑)を付けてください。

❷下記の中から、最も嫌な感情(1つ)に×をしてください。

❸下記の中から、最も好む感情(1つ)を○で囲んでください。

□ 怒り	□ 恐怖	□ 不安	□ 幸せ	□ 希望	□ 感謝
□ 焦り	□ 悲しみ	□ 不快感	□ 憧れ	□ 愛しさ	□ 情熱
□ 絶望	□ 退屈	□ 憂鬱	□ 喜び	□ 安心	□ 期待
□ 嫌悪	□ 心配	□ 軽蔑	□ 自信	□ やる気	□ 勇気
□ 悔しさ	□ 不満	□ 嫉妬	□ 尊敬	□ 感動	□ 満足

感情のセルフチェック② → 自己分析

番号	質問	回答	記入する
❶	マイナス感情の数	個	□ マイナス感情のほうが多い □ プラス感情のほうが多い □ 同数
	プラス感情の数	個	
❷	最も嫌な感情		[理由]
❸	最も好む感情		[理由]

「✓」を入れた感情の中で、最も嫌な感情に「×」をつけ、最も好む感情に「○」で囲みます。

この時、「×」や「○」をつけるのは、最もそう思うものひとつだけにします。

そこまでできたら、次の「感情のセルフチェック②」に移り、その結果を記入していきます。

さて、これで何がわかるか、です。これで、自分がポジティブ思考なのかネガティブ思考なのかがわかります。

感情は思考によって生まれてきます。つまり、感情は何かを認知することで生まれるので、ネガティブな感情が多ければ、ネガティブ思考の傾向があり、脳の情報処理の回路がネガティブに形成されているということが言えます。同様に、プラス感情が多ければ、脳内の情報処理の回路はプラスに形成されています。

私は、研修の受講者にこのセルフチェックをしてもらうことがあります。「ほとんど好む感情がない」とか、「嫌な感情ばかりだ」とか、結構盛り上がります。

嫌と感じる理由、好むと思う理由を書いてもらうようにしていますが、理由が書けなくても問題はありません。

と言うのは、最も嫌な感情も最も好む感情も、「同じ感情」だからです。例えば、怒りや恐怖が嫌だ、希望や喜びを好むと言っても、それは単に「自分の捉え方」に過ぎません。感情はその時の心の状態や意識化されていない欲求を知らせてくれているだけで、むしろ注目すべきは、「なぜその感情が出てきているのか」という点です。

なぜ怒りの感情が出てきたのか、なぜ喜びの感情が出てきたのか、そこを考えることが重要なのです。

例えば、家族が誰かに悪口を言われて怒ってしまったという時、それは自分にとって家族が大事だということを教えてくれているわけです。

あるいは、部下が約束の時間を守らなかったとします。「なぜ、時間に遅れるんだ」と怒ってしまうのは、自分が「社会人にとって時間厳守は重要なこと」と考えているからです。

感情のセルフチェックをすると、自分にとって重要なことや自分の価値観がわかる。つまり、その感情をとおして自分を知ることができるというわけです。

人間的成長にはマイナス感情も必要

ここまでの感情のセルフチェックでおわかりかと思いますが、プラス感情やマイナス感情は、ある感情を自分がそう評価しているだけであって、感情そのものにはプラスもマイナスもありません。

大切なことは、「今、こういう感情が出てきている」ということを感じ取って受け入れることです。

スポーツ選手が試合に負けて感じる怒りが、次の試合で勝つために十分に練習を積む原動力になることがあります。怒りはマイナスの感情のように思われますが、次のステップの原動力と考えれば、プラスの感情になります。つまり、怒りという感情はマイナスでもプラスでもないわけです。

私は大学の講義で学生にこのような話をすることがあります。

「社会に出るとつらいこともある。絶望することだってある。そんな時は、感情に逆らわないほうがいい。絶望に寄り添い、絶望を受け入れよう。やがて、物事の見方が変わって、自分に足りないもの、変えるべき行動が必ず見えてくる。すると、絶望という暗闇に希望という光が差し込んでくる」

マイナス感情は、私たちに変化が必要だということを知らせてくれるサインでもあるのです。

怒りや絶望など、一見マイナスに受け取れる感情が反転材料になることは、スポーツの世界ではしばしばあることです。

逆に、そこそこうまくいっている時、あるいは安心している時というのは、不安材料が見えていない状態でもあるのです。

人はうまくいっていない状況の中で、はじめて自分を変えることができると言ってもよいでしょう。

希望は絶望の後にくるものであり、絶望はやがて希望へ反転します。

毎日、希望にあふれていたら、ほんとうはもう希望はない状態なのです。何かを達成した直後に、大きな喪失感を感じたりするのと同じです。

いい状態の後には悪い状態があり、悪い状態の後にはいい状態があり、そこに感情が出てくるだけです。

あえて言えば、気づきを促し、人間を成長させるためには、ネガティブな感情のほうが大事だと言えるでしょう。

認知再構成法で、自分の感情を受け止める

感情をコントロールするには、感情を受け止め寄り添いやすくすることが重要ですが、そこで有効なのが「認知再構成法」です。

認知再構成法は、ある感情が湧き上がってきた時、どのような考えが頭に浮かんでいたかを振り返ってみることから始めます。自動的に浮かんできた考えのことを「自動思考」と呼び、その自動思考には実際の受け取り方や考え方が反映されています。この自動思考はその人の感情に影響を与え、感情は行動に影響を与えます。

認知再構成法では、その時の感情と考え方をもうひとりの自分を使って再点検する手法です。

次ページの表では事例として、職場の上司から「最近、仕事に集中できてないように見えるけれど、どうかしたのか？」と声をかけられた状況を設定しました。この上司の言葉

事例　認知再構成法

刺激 （ストレッサー）	上司から、「最近、仕事に集中できていないように見えるけど、どうかしのか？」と声をかけられた。	
評価（考え方）	・上司から嫌われている。 ・上司から仕事ができない人間だと思われている。	
反応（感情）	不安	80/100
再評価 （適応的思考）	・上司から嫌われているという根拠はない。 ・集中できていなかったとしても仕事ができないとはいえない。 ・上司が体調面を気遣ってくれているのかもしれない。	
反応（感情）	不安	40/100

がストレッサーです。

このストレッサーに対して部下は、「上司から嫌われている」と思った、あるいは「上司から仕事ができない人間だと思われている」と受け取った。これが自動思考で、表中では評価（考え方）にあたります。

この自動思考の影響で、「不安」という反応（感情）が生まれたとして、この反応を100を最大値にして何点ぐらいの不安なのかを自分で評価します。例えば80だったとします。かなり大きな不安ですが、次にこの80の不安を低くするためにはどうすればよいかを考えます。つまり、80の不安を引き起こした評価（考え方）を再評価するわけです。

この例で言えば、「上司から嫌われているという根拠はない」「集中できていなかったとしても仕事ができてないとはいえない」「上司が体調面を気遣ってくれているのかもしれない」と再評価しました。

このように再評価をしたところ、不安そのものは消滅しないまでも、不安レベルが40までに下がった……、これが認知再構成法です。

私たちは何かの問題に直接かかわってしまうより間接的にかかわっているほうが、ダメージが少ない分、冷静に問題をとらえることができます。認知再構成法の効用も同様で、自分の考え方や感情から距離を置いて見つめ直すことで、冷静に評価し直すことができるのです。

これは自力で再評価をするのが基本ですが、同僚や友人といった身近な人に聞いてみるのもよいでしょう。他者の評価（考え方）は自分の評価と異なるので参考になります。

いずれにせよ、自動思考を再評価することで、感情反応のレベルを下げることが期待できるのが認知再構成法のメリットであり、感情をコントロールするにはきわめて有効な方法です。

なぜ認知再構成法が睡眠改善に有効なのか

認知再構成法は睡眠改善にも使われています。

例えば、「ぐっすり眠らなければいけない」と考えて、それがプレッシャーになっている人がいたとします。プレッシャーを感じると交感神経が優位になり、覚醒物質が分泌されるので、余計に眠れなくなってしまいます。

そこで、「高齢になったら、若い時と比べて眠れなくなるものだ」「年齢の割には眠れているほうだろう」「ぐっすり眠れてはいないが、日常生活は問題なく送れているので大きな問題ではない」などと再評価して、プレッシャーのレベルを下げるという具合です。

よく眠れないという人の多くは、「ぐっすり眠らなければいけない」と考え過ぎるところにその原因があります。つまり、睡眠の問題は考え方の問題でもあるのです。

睡眠に限らず、考え方というのはその後の感情や行動をある程度決めていきます。その意味で、偏り過ぎた考え方を変えていくのは、有効な手段です。

怒りという感情をコントロールする

代表的なストレス感情のひとつに怒りがあります。最近は、この怒りをコントロールするようにしようということで、アンガーマネジメントが注目されています。

自分の怒りのパターンを知ることは、自分の怒りに備えることであり、怒り対処のひとつの方法です。

自分の怒りのパターンは、「どんなことで怒ったのか（出来事）」「その時の行動」「その行動を振り返る」「適応的行動」の4段階をとおしてつかんでいきます。

次ページの表では事例として「上司から仕事の失敗を皆の前で厳しく叱責された」という出来事を挙げました。それは自分にとってネガティブな出来事だったので、「ムッとした表情になり沈黙した」。では、今この行動を振り返ってどう思うかと言うと、時間が経って冷静になっているので、「上司から反省していないと思われたかもしれない」と気づいた。ならば、「失敗して迷惑をかけたのは事実なので、謝罪の言葉は伝えるようにする」という適応的な行動を導き出せた……、となります。怒りによるネガティブな行動を

事例　自分の怒りのパターンを知る

❶出来事 どんなことで怒りましたか？	上司から仕事の失敗を皆の前で厳しく叱責された。
❷行動 怒った時の行動は？	ムッとした表情になり沈黙した。
❸行動を振り返る	上司から反省していないと思われたかもしれない。
❹適応的行動	失敗して迷惑をかけたのは事実なので、謝罪の言葉は伝えるようにする。

制御するために、適応的行動を選択できる状況を作るのです。

理性的な行動をとるためには、理性的な状況の中でその行動をイメージすることが重要です。上の表で言えば、「出来事」による感情的な「行動」を「適応的行動」に変えていくことであり、そのためには理性的に「行動を振り返る」ことが必要です。こうすることで、ストレス感情の代表格である怒りに備えることができるようになります。

人には怒りやすいパターンがあります。例えば、「自分の価値観の中で大切なものが失われていく時に自分は怒りやすい」というパターンを事前に知っておけば、次に同じような状況に直面した時、むやみに感情的に怒るのを抑えることができます。

不安という感情をコントロールする

もうひとつ、ストレス感情の代表格に不安があります。

不安は、「自分が安心できない、安全ではないことを知らせる感情である」と言われていますが、別の見方をすると、「ある課題に対して、できるかもしれないし、できないかもしれないという不確実な状況を示す感情」とも言えます。

つまり、不安とは機会（チャンス）と危機（リスク）が混ざり合っている時の感情なのです。できる可能性が高ければ「やる気」になり、可能性が低ければ「緊張」「恐怖」「絶望」「諦め」などの感情になります。

もしある課題に対して、できるかできないかで不安を感じているのなら、冷静に不安と向き合い「できる部分」を増やしていく。そうすれば不安を小さくすることができます。

とすれば、ただ不安がっているだけでなく、不安にきちんと対処する方法を知り、備えておけば、不安のレベルを下げることができます。その対処方法をまとめたものが「不安

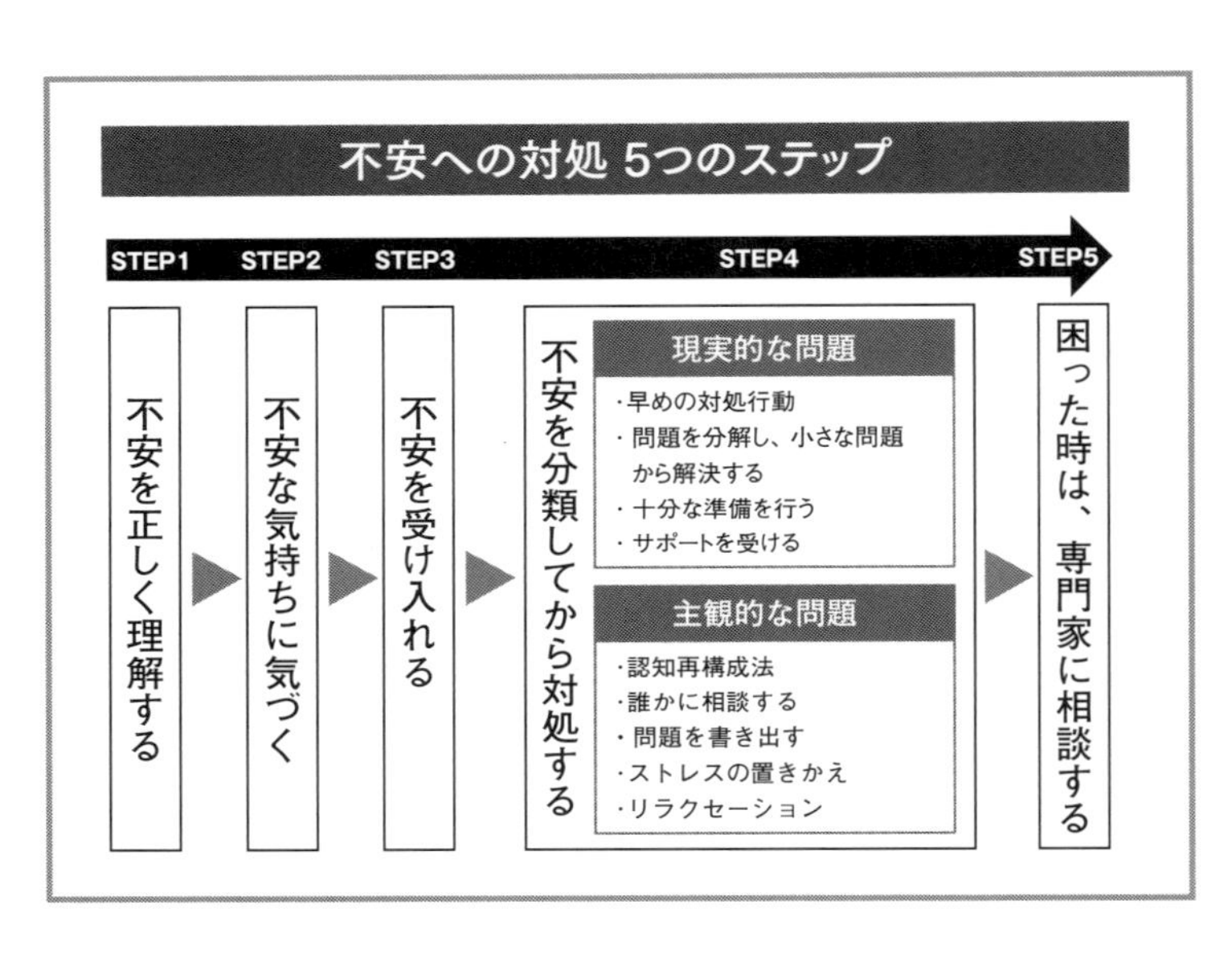

への対処　5つのステップ」です。

不安に対処する最初のステップは、「不安を正しく理解する」ことです。不安という感情には「できる部分もある」と肯定的側面があることを理解する。または、「安全ではない」「わからない部分がある」ことを知らせてくれる感情なのだと、まず不安を正しく理解することです。

次に、自分が感じている「不安な気持ち」に気づき、「不安を感じてもいいんだ」と不安を受け入れます。そして、不安を「現実的な問題」と「主観的な問題」に分類します。

現実的な問題とは、ある課題に対して何か困っている個別的で具体的な問題のことです。例えば、大きな住宅ローンがある、介護を必要とする高齢の親がいる、などです。

一方、主観的な問題とは、転勤や部署異動を命じられるかもしれない、病気になったらどうしようなど、自分の心の中で勝手に描いている未来の漠然とした問題です。

現実的な問題を解決するポイントは、早めに対処することが大切です。対処行動を取りやすくするため、問題を分解して、小さな問題を解決していきます。

試験に落ちるかもしれないという不安なら、必死に試験勉強をするのです。野球の試合で打てないかもしれないと思ったら、ひたすら素振りをする。十分な準備を行っていれば不安という感情は介入してきません。また、経験が浅くて仕事の進め方がわからない場合は、先輩や上司のサポートを受けてください。


主観的な問題は、自分の考え方が生み出したものなので、前述した認知再構成法の実践や誰かに相談することで、問題そのものは解決できてなくても、不安のレベルを下げることができ、気持ちを楽にすることができます。

主観的な問題では、不安の元がわかっていないことがあるので、書き出しをすることによって何が不安なのかを明確にする方法もあります。不安が特定できれば、ストレスのレベルは自然と下がります。

人間の脳はひとつのことに集中し、処理しようとします。これを利用するのが、不安を何かと置き換える「ストレスの置き換え」という対処法です。

例えばウォーキングをすれば、歩くという行為にストレスが置き換わります。歩くと自然に快楽系ホルモンが脳内に分泌されるので、気持ちも前向きになります。

また、リラクセーション法で生理的にリラックスした状態を作ることも有効です。リラックスした状態でネガティブな感情は出にくいからです。深呼吸や体を動かすことで感情の質を変えることもできるのです。

最後に、本当に困っている問題は専門家に相談することです。健康問題なら医師、法律的な問題なら弁護士に相談することです。8章で紹介した「問題解決能力を上げれば不眠も解決する」で述べたとおりです。

感情は目で見ることができません。しかし、感情をセルフチェックすることによって、感情は可視化できます。感情が可視化できれば対処の方法がわかり、感情をコントロールすることができます。そのよい手法が、認知再構成法です。

以上のように、ここまで感情のコントロールの手法と、感情の代表格である怒りと不安の対処方法について述べてきました。

睡眠は感情と深く関係しています。よい睡眠を獲得するには、睡眠をマネジメントすることが重要ですが、それを実効性あるものにするには、睡眠に深くかかわる感情をマネジメントすることが重要です。

よい睡眠を獲得するために、自分の感情と上手に付き合うことが大切なのです。

10章

睡眠改善アクション

睡眠効率85％以上を目指す

ここまで睡眠を取り巻く事情の紹介から、寝不足や不眠が招くリスク、睡眠とメンタルヘルス、自分の睡眠はどこに問題があるのか、その把握方法について述べ、睡眠のメカニズムについて説明してきました。

以上を踏まえて、睡眠をマネジメントする視点から、睡眠と深くかかわるストレスと感情をマネジメントする手法を解説してきましたが、ここからは睡眠を改善するにはどのような行動（アクション）を起こせばよいのかについて述べていきます。

1日睡眠8時間説がありますが、この説に根拠はなく、必要な睡眠時間は人や年齢によって異なることを述べてきました。

社会が24時間化し、労働環境や生活環境が多様になった現在、確保できる睡眠時間は人それぞれです。そこに効率のよい睡眠、「睡眠効率」という考え方が生まれてきました。

睡眠状態を改善し、効率よく睡眠をとるためには、まず現在の睡眠時間を正しく把握し、目指すべき睡眠時間を設定する必要があります。

目指すべき睡眠時間の設定は、「睡眠効率チェック」によって行います。睡眠効率は、

実質睡眠時間÷寝床に入っていた時間×１００

で求めます。

例えば、午前0時ごろに寝床に入り、午前7時ごろに起床したなら、寝床に入っていた時間は約7時間です。

これは生理的に眠っていた時間、つまり実質睡眠時間より長いはずです。寝つくまでの時間、朝目覚めてから二度寝をしたり、ごろごろしていた時間などがあるからです。これらの合計が約1時間あったとすれば、この場合、実質睡眠時間は約6時間となります。

これを計算式に当てはめると、

３６０分（実質睡眠時間）÷４２０分（寝床に入っていた時間）×１００

となり、85・7％という数字が求められます。この数字が睡眠効率です。

この事例では、理解しやすいように睡眠効率が85％以上になるように設定しています

が、睡眠研究でも85％以上の睡眠効率を確保することが、睡眠の質にとって非常に重要だとされています。

読者の皆さんも睡眠効率を計算し、もし85％未満なら、85％以上を目指してほしいと思います。

課題なしの85％、課題ありの85％

睡眠効率を計算したところ、「自分は95％だった。85％以上あるから問題はない」と言いたいところです。ところが睡眠効率85％以上でも、課題ありの85％以上と、課題なしの85％以上があります。

例えば、85％以上の睡眠効率だけれども、日中に眠気が強い人や、寝床に入ってすぐに寝てしまうような人は、睡眠効率はよくても睡眠に問題があります。

生活習慣を守り、自分に合った睡眠時間を確保している人は、寝床に入ってから睡眠に向かうまでに、10分ぐらいはかかるでしょう。寝床に入って、すぐに眠ってしまう人は、睡眠不足の可能性があるというわけです。

また、寝床に入って30分たっても眠れない人も問題があります。

睡眠負債が溜まっている人は一瞬で寝てしまい、睡眠負債が全くない人は寝つけない。睡眠負債は少し溜まっているほうが寝つきにはいいのです。

睡眠効率を改善する方法

課題なしの睡眠効率85％以上の人は現状を維持すればよいのですが、課題ありの睡眠効率85％以上の人は、睡眠制限法か刺激コントロール法で、課題なしの睡眠効率85％以上に改善していく必要があります。

睡眠制限法は、起床時刻を決める、寝床に入る時間を遅らせるなどの方法で、寝過ぎないようにすることです。

特に二度寝は、せっかく体が覚醒の状態になっているのに、もう一度深く睡眠してしまうことなので、かえって体に負担をかけ、体内時計を狂わせてしまいます。

5分や10分程度の短い二度寝なら大きな問題ではありませんが、30分以上の二度寝は避けたほうがいいでしょう。

睡眠効率を改善する方法

睡眠効率

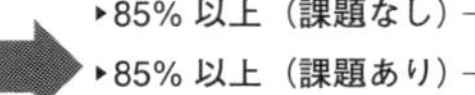

- 85% 以上（課題なし）―― 現状を維持する
- 85% 以上（課題あり）
- 85% 未満

→ 睡眠制限法・刺激コントロール法

改善

「睡眠制限法」
寝床に長時間いない
（実質睡眠時間増やす）

「刺激コントロール法」
「寝室・時間」と「睡眠」
を条件づける

- 起床時刻を決める
  ※目覚めた後は、二度寝をしない
- 寝床に入る時間を遅らせる
  ※睡眠効率を 85% 以上にする

- 「寝床」と「睡眠」を強く結びつける
  ※ソファやこたつで寝ない
- 眠くなってから寝床に入る
  ※途中で目覚めて眠れない時、
  寝床から出る

参考文献：創元社「自分でできる不眠克服ワークブック」渡辺範雄

もうひとつの刺激コントロール法とは、「ここは寝る場所だ」という刺激を強める方法です。

いつもソファーやこたつで寝ている人は、そこに睡眠刺激が条件付けされているので、そこに行くと自然と眠くなってしまうのです。

逆に布団に入っても眠くならないという人は、布団の中でテレビを見たり、スマホを見たりしていることが考えられます。布団が寝る場所ではなくて、テレビを見る場所、スマホを見る場所に条件付けられているので、眠くならないということになってしまいます。

確実に布団の睡眠刺激を強めるために、

布団の中では一切何もせず、「布団は眠るためだけの場所だ」と条件付けることが、刺激コントロール法です。

戦略的仮眠で覚醒状態を保つ

睡眠効率の改善方法として睡眠制限法と刺激コントロール法を紹介しましたが、睡眠効率の改善に有効で、アメリカなどでは合理的なビジネススキルにもなっているパワーナップについて述べておきます。

パワーナップ（power-nap）については、すでに「7章　睡眠のメカニズムを知る」で説明しました。

パワーナップとは、パワーアップとナップ（昼寝）を結び付けた造語で、15～30分程度の短い仮眠のことです。

目覚めから4時間後ぐらいは脳の覚醒度が最も高く、一般的に午前中に眠くなることはありません。もし、覚醒度の高い午前中に眠くなるのなら、そもそも睡眠に問題があると言えます。

サーカセミディアン・リズムでは、午前2～4時と午後2～4時の2回、眠気が起きます。この午後2～4時の眠気の前にパワーナップをすることで眠気を戦略的に回避することが可能となります。

ただ昼寝をすればいいというのではなく、昼寝のタイミングが重要というわけです。

このパワーナップをすることで、午後の眠気を回避できるだけでなく、ストレス解消、疲労回復、ヒューマンエラー防止、午後のパフォーマンスアップなどの効果が期待できます。

長い昼寝は睡眠が深くなり、夜の深い睡眠を減らす原因となり、また、昼寝から目覚めた後の気分が悪く、体もだるくなる「睡眠慣性」を引き起こしますので、パワーナップは20分以内にすることがポイントです。

一般的な眠気対策として、コーヒーを飲む人がいます。カフェインはアデノシンという睡眠物質の作用を抑制しますが、睡眠物質を減らすわけではありません。眠気対策は、短い時間でも眠ることが最も効果的なのです。

最近パワーナップを導入している学校や企業のニュースを見かけますが、今後は健康経営の一環でさらに導入するところが増えると予測されます。

皆さんも、今日からパワーナップ始めてみませんか。

就寝のベストタイミングは体温が下がった時

睡眠は体温とも関係があり、体温が下がってきた時が、眠るベストタイミングです。そのためには体温を上げておく必要があるので、夕方以降は生理的に体温が上昇していきます。

なぜ体温が上昇するのかと言うと、入眠には体温を下げていくことが必要なので、夜の睡眠に備え、生体の反応として一度体温を上げているわけです。したがって、夕方以降の時間帯に眠ってしまうと、上がりかけた体温を下げてしまうことになり、夜の睡眠に影響します。

あまり体温が上がらない人は入浴して体温を上げ、体温が下がったのを見計らって就寝するのもひとつの方法かと思います。入浴後すぐに布団に入ってしまうと、体温が落ちにくく、なかなか寝付けない恐れがあるので注意が必要です。

昔は「お風呂に入って、よく温まってから寝なさい」と教えられましたが、現代の睡眠科学に照らして言えば、入浴は就寝1~2時間前のほうがいいと言えます。熱いお風呂よりも温めのお湯に浸かってリラックスするように心がければ、睡眠への最高のアプローチになるでしょう。

11章

睡眠のセルフチェックと行動のマネジメント

改善は「できそうなこと」から始める

セルフチェックについてはすでに「5章　睡眠の常識・非常識」で、自分の睡眠状態を把握し、睡眠に対する意識を高めてもらう目的でアテネ不眠尺度を紹介しつつ、すでに説明しました。

ここで述べるセルフチェックは、日中の活動や睡眠の前の行動をセルフチェックし、睡眠改善につなげることを目的にしています。

したがって、ここでは「できていること」「できそうなこと」「できそうにないこと」をチェックしていきます。

チェックする項目は次ページの表のとおり、朝起きて活動している時にすること（覚醒）と、睡眠の準備段階ですること（睡眠）に分けています。

各チェック項目に、できていれば「◯」、できそうなら「△」、できそうもなければ「×」をつけてみてください。

「◯」「△」「×」をつけた結果で何がわかるかというと、例えば覚醒のほうに「◯」が多

セルフチェック

チェック欄に、「○できていること △できそうなこと ×できそうにないこと」を記入する。

項目		チェック	内容
覚醒	①		毎日同じ時刻に起床する。
	②		起床後、太陽の光を浴びる。
	③		毎日同じ時刻に朝食を食べる。
	④		パワーナップ(昼寝)を15分間実施する。
	⑤		日中の活動量を上げる。(歩数を増やす・階段を使う)
睡眠	⑥		睡眠環境(寝室)を快適にする。
	⑦		3大覚醒SAK(スマホ・アルコール・カフェイン)をコントロールする。
	⑧		自律神経をリラックスモード(副交感神経)に切り替える。
	⑨		今日の「よいこと」「感謝したいこと」を振り返る。
	⑩		就寝時刻を決めるが、眠くなってから布団に入る。

睡眠を改善するアクション

項目	番号	現状	行動計画
覚醒			
睡眠			

参考　睡眠改善アクション

項目		行動計画(例)
覚醒	①	6時30分に起床する(※平日と週末の起床時刻のギャップは2時間以内にする)。
	②	起床後、カーテンを開ける。窓際で新聞を読む。電車では、窓に近い位置に立つ。
	③	7時に朝食を摂る。ご飯、卵料理、バナナ、ヨーグルト等を食べるようにする。
	④	平日は、昼休み、週末は、13〜15時の間に約20分のパワーナップを実践する。
	⑤	平日、8000歩ぐらい歩き、電車では座らない。週末は、1時間の散歩をする。
睡眠	⑥	寝室の温度、湿度を調整する。遮光カーテン購入。寝具を変える、清潔にする。
	⑦	就寝1時間前にスマホの電源を切る。夜はノンカフェインのコーヒーを飲む。
	⑧	温めのお湯で入浴する、足湯、リラクセーション、音楽、読書、ストレッチ、アロマ
	⑨	今日のよい出来事を3つ思い出し、手帳に記入する。
	⑩	就寝時刻は23時30分にするが、23〜24時の間に眠気がきたら布団に入る。

セルフチェック プラス

項目	チェック	内容
ストレス		自分のストレスをセルフチェックする。(セルフモニタリング)
		3つの生活習慣を充実させる。
		小さいストレスを積極的に解消し、大きいストレスは周囲のサポートを受けて早期に解決する。
感情		自分の感情をセルフチェックする。
		認知再構成法で考え方のクセを修正する。
		怒りや不安をコントロールする。
行動		自分の行動をセルフチェックする。(ABCモデル)
		先行条件:行動の引き金となる刺激を取り除く。
		結果:決まった時間に就寝することのプラス面を考えて実践する。

く、睡眠のほうに「×」が多ければ、就寝前に眠りを阻害する行動を多くとっている。逆に、覚醒に「×」が多く、睡眠に「〇」が多ければ、日中の活動量や活動の質に何か問題があり、それが睡眠を阻害している可能性があるというわけです。

この結果を睡眠改善に活かしていくわけですが、「〇」をつけた項目はそのまま維持するとして、「×」の項目を「〇」にするより、「△」を「〇」に変える努力をすることが現実的です。

「△」が複数あった時、それをいっぺんに「〇」に変えようとすると、中途半端になり、長続きしません。そこは焦ることなく、覚醒と睡眠の「△」の中で、自分にとってハードルが低いものから順に、ひとつか2つずつピックアップして改善していくと成功率が高まると思います。読者の皆さんも、201ページの上の表でセルフチェックしてから、下の表の「睡眠を改善するアクション」を考えてください。行動計画は前ページの上の表を参考にしながらアクションプランを検討してください。スモールステップで、できることからやっていくのがポイントです。

行動と即時性・確実性の関係

セルフチェックの結果、改善の行動が決まったら、それを実行に移さなければなりません。

とるべき行動が明確になったからと言って、必ず実行できるとは限りませんし、行動が明確になったことに満足し、それで安心してしまうかもしれません。やはり行動もマネジメントしていくことが必要です。

行動科学マネジメントの第一人者、石田淳氏の『短期間で組織が変わる行動科学マネジメント』（ダイヤモンド社）の中の禁煙を実行する事例を参考に、私が睡眠改善に置き換えて紹介します。

行動分析のＡＢＣモデルで睡眠不足になる状況を整理します。

先行条件（Antecedent）

⇩
行動（Behavior）
⇩
結果（Consequence）

何か行動を起こす前には、必ずその行動を誘発する状況と認識という先行条件（Antecedent）があります。この状況と認識という2つの条件が、行動を起こします。

夜更かしという行動（Behavior）で言えば、快眠のメリットが理解できてないとか、睡眠負債のリスクに関心がないという認識だと、睡眠をおろそかにしてしまう、ということになります。

つまり、行動とは認識の問題であり、睡眠に関する認識を変えれば、よい睡眠をとる行動が誘発され、結果的に睡眠不足をなくすことができます。

行動だけではなく、状況に問題があっても睡眠をおろそかにしてしまいます。

例えば、寝る前に常に考え事をしてしまう、YouTubeやテレビを見てしまう、スマホをいじってしまう、ラジオ、勉強、本、飲酒、家族とのこと……、こうした状況を取り除くためにどうすればいいかを考えなければなりません。

スマホとテレビの電源は寝る1時間前にはオフにする、お酒は外では飲むが、家では飲まないというようにするなど、睡眠を妨げている状況（刺激）を変えることです。

先行条件は一人ひとり異なるので、ぜひ自分自身で「参考　睡眠改善アクション」のように書き出してほしいと思います。

書き出した状況の中に取り除けるものがあったら取り除き、認識がないのなら、認識を変えていきます。

次に、その行動（夜更かし）をした「結果」の予測です。

例えば、YouTubeを見るのは楽しいので、夜更かしという行動をとってしまう。その結果は、楽しい、ストレスを解消できるなどのプラス面がある一方、夜更かしをして寝不足を続けると、仕事のパフォーマンスが低下する、抵抗力が落ちるので病気にかかりやすくなり、最悪の場合、がんになる可能性が高まる……と言うように、大きなマイナスもあれば、翌日ちょっと眠いという軽いマイナス面もある。

このように予測される結果には、プラスの行動の結果には即時性と確実性があり、マイナス行動の結果には幅があるのが特徴です。

石田氏は、結果の予測として、即時性と確実性が行動に与える影響の大きさを指摘しています。

つまり、夜更かしをしてしまってもすぐに病気になるわけではない、仕事ができなくなることもない（即時性と確実性がない）。一方、YouTubeを見ると楽しいというのは即時性と確実性が約束されているので、やめられない、続けてしまう、というわけです。

そこで、結果（Consequence）の予測として、「決まった時間に就寝する」ことのプラス面の即時性と確実性を考えてみましょう。

例えば、睡眠習慣表や睡眠成果ノートを作成する。いつでも確認できるようにグラフ化して目立つ場所に貼る。そして、決めた時間に布団に入ったら「◎」をつける。睡眠時間の目標を達成すれば、毎月の自由に使えるお金を増やしてもらう、といった工夫をするといいでしょう。

「8章　ストレスをマネジメントする」の「就寝前の考え事は覚醒を促す」で紹介した就寝前に「よいこと、感謝したいことを振り返る」とセットで実践すれば、経済的報酬と心理的報酬の2つの報酬が即時的、確実に獲得できます。すると、報酬獲得のために「決まった時間に就寝する」という行動を起こし、継続することができるでしょう。

本書の読者は、先行条件の「認識」は問題ないと思います。睡眠ファーストの意識を形成された方は、「状況」を変えることも可能でしょう。「行動」においては、睡眠改善の具体的な方法を紹介し、「結果」の予測に対する対策も前述した内容を参考にしてください。

自分の行動を分析し、行動マネジメントの領域から、睡眠改善にアプローチしてください。

ここまで睡眠改善が思うようにできないのは、睡眠と深くかかわるストレスと感情、行動をマネジメントできていないからだ、と指摘してきました。

本書の読者が睡眠改善に取り組もうとする時、ストレス、感情、行動のマネジメントができているかどうかを、202ページに掲げた「セルフチェック プラス」を活用して、それぞれチェックしてみてください。

すべての項目に「✓」がつけられれば、よりよい睡眠習慣をほぼ手中にしたも同然です。あとは実践と継続です。

ぜひ睡眠改善に取り組み、あなたの生活が一変することを期待しています。

エピローグ

温かい「心の光」を取り戻す時代

ここまで本書では、マネジメントという視点で睡眠をとらえ、不眠や睡眠不足を解消し、良質な睡眠を手に入れる方法を考えてきました。

マネジメントという視点で睡眠を考える場合、「規則正しい生活」を送ることが原則です。規則正しい生活とは、睡眠と覚醒の規則性を重んじた生活のことです。

1日を昼と夜に分けて、規則正しい生活を分解すると、まず日中の覚醒度を上げる3大ポイントは、

・目覚めたらすぐに起きる
・同じ時間に食事を摂る
・よく動く

一方、夜の睡眠機能を上げる3大ポイントは、

・早めの夕食（就寝までに時間をあける）
・リラックスする

・就寝時間を決めて眠くなったら寝る

これらを意識することで、覚醒機能、睡眠機能が上がり、規則正しい生活にフィードバックされるという好循環が生まれます。

ただし、日中の覚醒機能にしても夜間の睡眠機能にしても、その機能を上げていくにはさまざまな困難がつきまといます。それがストレスであり、感情であり、行動です。

本書では、睡眠をマネジメントという視点でとらえ直し、不眠や睡眠不足を解消して健康的で活動的な規則正しい生活の獲得を考えてきました。それを可能にするには、ストレス、感情、行動についてもマネジメントが必要であり、その手法を説明してきました。

ストレスマネジメントでは、短期的アプローチとしてストレス要因を減らし、中長期的なアプローチとしてストレス耐性を上げる必要性を述べました。

感情のマネジメントでは、感情にはプラスもマイナスもない。感情に気づき、感情を受け入れ、感情に対処していくことの有効性を述べました。

行動のマネジメントでは、自分の行動を分析し、先行条件、行動、結果の3つをコントロールする方法を述べました。

言うまでもなく、睡眠マネジメントのゴールは、自分に合った快適な睡眠習慣の実現です。

私たちの周りには、夜になっても部屋の中も部屋の外も光であふれています。人工衛星から夜の日本の姿を写真に撮ると、北海道から本州、四国、九州、沖縄まで、日本列島の姿が光でくっきりと浮かび上がります。

便利なものにはリスクが付き物で、ただ便利なだけでは終わらず、必ずその副作用があります。あふれる光は私たちの生活を便利に豊かにしてくれる一方、不眠という影をつくりました。光と情報によって夜の覚醒度を上げ、不眠という闇を自らつくってしまったのです。

今こそ、そのことに気づいてほしいと思います。

時には便利さを手放し、多少の不便を感じるけれども、それが人間らしい本来の生活ならば、少々の不便さを受け入れていくことも大切なのではないかと思います。

私たちが求めている本当の光とは、LEDのような物理的に明るい光とは違う光だと思います。

人と人との触れ合いや関わり合いで満足したり、感謝し合ったり、喜び合ったりすること、すなわち、私たちの心を満たす行動が本来求めている光なのです。

今から皆で100年も前の生活に戻れと言っても、それは現実的ではありません。

今、便利さの代償が不眠だと認識して、便利なものと上手に付き合い、時に手放していくことを考えなくてはなりません。何かを捨てることで最も大切なもの獲得するのです。

本書が睡眠に悩む人の一助となったなら、この上ない喜びです。

2018年11月

和田　隆

【参考文献】

厚生労働省「睡眠指針」２０１４年
厚生労働省「過労死等に関する実態把握のための社会面の調査研究事業」２０１５年
厚生労働省「新ＶＤＴ作業ガイドライン」２００８年
厚生労働省「労働者健康状況調査」２０１２年
厚生労働省「国民健康・栄養調査結果」２０１７年
国立精神・神経医療研究センター「睡眠医療プラットフォーム　夜型・朝型診断」
有田秀穂『脳からストレスを消す技術』サンマーク文庫　２０１２年
石田淳『短期間で組織が変わる行動科学マネジメント』ダイヤモンド社　２００７年
川井太郎『スマホうつ』秀和システム　２０１３年
岡田尊司『人はなぜ眠れないのか』幻冬舎新書　２０１１年
神山潤『朝起きられない人のねむり学』新曜社　２０１６年
白川修一郎『睡眠力を上げる方法』永岡書店　２０１３年
白川修一郎『命を縮める「睡眠負債」を解消する』祥伝社　２０１８年
高橋徳『オキシトシン健康法』アスコム　２０１６年
西野精治『スタンフォード式　最高の睡眠』サンマーク出版　２０１７年
堀忠雄ほか『基礎講座　睡眠改善学』ゆまに書房　２００８年
渡辺範雄『自分でできる不眠克服ワークブック』創元社　２０１１年
和田隆『パワハラをなくす教科書』方丈社　２０１８年

和田　隆 わだ　たかし

メンタルプラス株式会社　代表取締役
ウェルリンク株式会社　シニアコンサルタント

大学卒業後、旅行会社、大手スポーツクラブ運営会社で主に商品企画業務に従事。

その後、ストレスが社会問題化する中、心の健康をサポートするため、メンタルヘルスケア業界にキャリアチェンジし、2011年にメンタルプラス株式会社を設立する。

現在、メンタルヘルス、ハラスメント防止を支援する専門家として、カウンセラーとして活躍する傍ら、企業、官公庁、教育機関等を対象に1,500回以上の講演、研修実績があり、受講者は１０万人を超える。論理的でわかりやすいプレゼンテーション技術に定評がある。

近年、正しい睡眠の知識を伝えるとともに、働く人の睡眠状態を可視化して快眠習慣へと導くため、全国で睡眠マネジメントの講演を積極的に行っている。

著書に『パワハラをなくす教科書』（方丈社）がある。

１級キャリアコンサルティング技能士、シニア産業カウンセラー

仕事のストレスをなくす睡眠の教科書

2018年12月28日　第1版第1刷発行

著　者　　和田　隆
発行人　　宮下研一
発行所　　株式会社方丈社
〒101-0051
東京都千代田区神田神保町1-32　星野ビル2F
Tel.03-3518-2272 ／ Fax.03-3518-2273
http://www.hojosha.co.jp/
編集協力　山田雅庸
装丁デザイン　ランドフィッシュ
印刷所　　中央精版印刷株式会社

ISBN978-4-908925-43-6